GOLDMANN
ESOTERIK

K.T. BERGER

ZEN

oder die Kunst des Autofahrens

Aus dem Amerikanischen übertragen
von Hans Jürgen Baron von Koskull

GOLDMANN VERLAG

Originaltitel: Zen Driving
Originalverlag: Ballantine Books, New York

Deutsche Erstausgabe

Der Goldmann Verlag
ist ein Unternehmen der Verlagsgruppe Bertelsmann

Made in Germany · 1/90 · 1. Auflage

Umschlaggestaltung: Design Team München
Umschlagfoto: Caroll T.I.B., München
Satz: IBV Satz- und Datentechnik GmbH, Berlin
Druck: Presse-Druck, Augsburg
Lektorat: Ursula Walther/B.L.
Herstellung: Sebastian Strohmaier
ISBN 3-442-12065-9

Für unsere Eltern
William und June Berger

Inhalt

Unser besonderer Dank gilt unserem
Agenten Robert Stricker,
unserer Herausgeberin Chris Cox
und Christine Lazor.

Einführung

> Ich freue mich sehr, Sie zu sehen,
> ich habe nichts zu sagen!
> *Zen Meister Hakuin (1685–1769)*

Ein guter Autofahrer braucht zweierlei; Erfahrung und Achtsamkeit. Dieses kleine Buch wird Ihnen keines von beiden in den Schoß legen. Ein Buch ist eben nicht wie ein Auto – es kann Ihnen nicht ersparen, selbst Erfahrungen zu sammeln, und wenn Sie nicht selbst am Lenkrad sitzen, können Sie auch nicht erwarten, daß Sie besonders achtsam sein werden. Autofahren sollte ein ebenso selbstverständlicher Vorgang sein wie das Gehen oder Laufen. Es wäre töricht zu glauben, daß man das Autofahren aus Büchern lernen kann. Dieses Buch – und das ist das Besondere daran – will nichts *tun*. Es ist vielmehr eine Übung in dem Zen-Prinzip des »Nichtstuns« oder »Nichthandelns«. Wer die Reise durch die folgenden Worte und Seiten unternehmen will, braucht sich nicht anzustrengen. Er muß auch keine scheinbar unverständliche östliche Philosophie verstehen lernen. Es gibt nichts, wonach er sich richten oder woran er sich festhalten müßte. Das ist die Leichtigkeit und das ist das Schöne an einer solchen Methode. Die innere Haltung des Zen ist vielleicht die beste Voraussetzung für das sichere Autofahren, aber das Autofahren bietet einem vielleicht auch die günstigste Gelegenheit, das zu erleben, was Zen bedeutet. Das eine ist die Anwendung des anderen. Ihre besten Lehrmeister werden schließlich Achtsamkeit und Erfahrung sein. Der Zweck dieses Buches ist es, Sie mit diesen Lehrmeistern bekannt zu machen.

I. Kapitel

Ein Vorschlag zur Güte: Die Theorie des Zen in der Praxis des Autofahrens

Buddha am Lenkrad

Dieses Buch will Ihnen vermitteln, was reine Achtsamkeit, und reines Erleben ist: Sie sollen Ihr *natürliches Selbst* kennenlernen – die angeborene Fähigkeit, darauf zu warten, daß wir uns entfalten wie eine Schlange, die zusammengerollt war und sich nun allmählich streckt. Nehmen Sie diese frei gewordene Energie, übertragen Sie sie auf die Zündung Ihres Wagens, starten Sie den Motor, legen Sie den ersten Gang ein, und lassen Sie den Wagen über die Straße rollen. Sie können beim Autofahren den fröhlichen Gemütszustand des Zen anwenden.

»Aber die meisten Leute können doch schon Autofahren«, sagte eine Freundin, als ich ihr erzählte, ich schriebe ein Buch über Zen beim Autofahren. Sie wollte wissen, was denn der Unterschied zwischen meiner und ihrer Methode des Autofahrens sei. Im übrigen »praktiziere« sie schon ihre *eigene* Religion.

Ich erklärte, Zen sei zwar eine Form des Buddhismus, habe aber nichts mit religiösen Dogmen zu tun. Das japanische Wort *Zen* bedeutet Meditation, und Meditation heißt, daß man sich seiner Umgebung voll bewußt ist. In einem meditativen Zustand zu sein bedeutet ganz einfach, daß man sein natürliches Selbst ist, sein Buddha-Selbst. Das ist im Grunde etwas ganz Einfaches und hat mit komplizierten religiösen Theorien nichts zu tun. Im Zen verwirklicht jeder seine Buddhanatur; jeder *ist* – wenn er es nur erkennen wollte – der Buddha.

Lassen Sie das Kruzifix am Armaturenbrett hängen, und setzen Sie den Buddha ans Lenkrad, das ist alles!

Was bringt diese Methode?

Es gibt eine ganze Reihe von Vorteilen: Erstens werden Sie ein besserer Fahrer sein, wenn Sie bei geschärftem Bewußtsein ein besseres Gefühl für den Wagen, die Straße und sich selbst entwickeln. Sie können sich flüssiger durch den Verkehr bewegen. Sie werden sehr viel *sicherer* fahren – mit anderen Worten: Mit gesteigerter Aufmerksamkeit können Sie Ihr Fahrzeug besser beherrschen und werden keine Unfälle mehr bauen – das kann ich Ihnen fast garantieren –, Sie werden mit Sicherheit gar nicht mehr an die Möglichkeit denken, daß etwas passieren könnte.

Wenn Ihnen das gelungen ist und Sie sich wirklich sicher in Ihrem Wagen fühlen, werden Sie auch das erreichen, was nach meiner Ansicht der Hauptzweck dieser Übung ist: Das Autofahren wird Ihnen Freude machen. Viele Menschen setzen sich nur ungern ans Lenkrad ihres Wagens und langweilen sich beim Fahren. Aber diese Gefühle verschwinden, wenn man sich von den Grundsätzen des Zen leiten läßt. Das Fahren in dem nach außen hin abgeschlossenen Raum eines Autos gibt einem die wunderbare Gelegenheit, alles zu vergessen, was man vorher getan hat, alle Sorgen auszuschalten und sich durch keine störenden Gedanken behindern zu lassen. Und wenn man sich einmal zu dieser Methode entschlossen hat, ist man hellwach und kann alle Umwelteindrücke bewußt auf sich einwirken lassen – und man ist als Buddha am Lenkrad ein glücklicher und zufriedener Fahrer.

Schließlich erlebt man das einzigartige Gefühl der inneren Ausgewogenheit und Zufriedenheit auch in anderen Lebensbereichen. Jeder, der Yoga übt, meditiert oder asiatischen Kampfsport treibt, erwartet, daß sich sein Wohlbefinden dabei steigert und daß die innere Zufriedenheit auch über die Übungsstunden hinaus in das tägliche Leben ausstrahlt. Wer in einer solchen Haltung Auto fährt, ist gezwungen, sich täglich um diesen Bewußtseinszustand zu bemühen – das ist ein großer Vorteil. Diese Art des Autofahrens ist eine Form der Meditation und des Yoga, die jeder praktizieren kann. Viele Menschen sitzen jeden Tag etwa eine Stunde am Lenkrad. Man kann also seine Achtsamkeit üben, während man zur Arbeit, zum Einkaufen oder ins Kino fährt. Wer könnte bestreiten, daß die Zeit, die wir im Wagen verbringen – auch wenn es nur eine zehn Minuten dauernde Fahrt zum nächsten Einkaufszentrum ist –, auch unser Verhalten in der

Fußgängerzone beeinflußt? Wäre es nicht schön, wenn das richtige Autofahren auch unser ganzes übriges Leben positiv beeinflussen würde und nicht nur eine lästige Verpflichtung wäre oder eine Tätigkeit, bei der wir ständig fürchten müssen, in einen Unfall verwickelt zu werden?

Es kommt darauf an, die in uns schlummernde Bereitschaft zu entdecken, uns wohl zu fühlen, damit wir am Ende der Fahrt, wenn wir den Wagen parken und aussteigen, ebenso wie nach einer Skiabfahrt oder nach einer gelungenen Meditation frischer, lebendiger und gelassener an die nächste Aufgabe gehen. Es mag eigenartig und vielleicht sogar ein wenig naiv klingen, aber es ist dennoch wahr: Man kann mit der richtigen Einstellung zum Autofahren auch seine Lebensqualität verbessern. *Das Leben wird schöner durch eine vernünftige Fahrweise.*

Wie erlernt man diese besondere Kunst des Autofahrens?

Was genau ist das Besondere an dieser Fahrweise?

Damit kommen wir zu einem sehr schwierigen Problem. Um die Frage: »Was ist Autofahren nach der Zen-Methode?« beantworten zu können, muß man selbst ein Zen-Autofahrer sein und »wie Buddha« am Lenkrad seines Wagens sitzen. Um die Methode zu beschreiben, können wir uns nicht auf die Tradition des Zen-Buddhismus, auf die Sutras oder die mündlichen Überlieferungen berufen. Auch glaube ich nicht, daß man in den gesetzlichen Vorschriften über die Verkehrssicherheit eine Erläuterung dieses Begriffs finden wird. Autofahren mit Zen ist ein Seinszustand, den man selbst erfahren muß. Mit Worten läßt er sich kaum erklären. Um genau zu erkennen, wie dieser Zustand ist, muß man ihn selbst erleben.

Ein junger Mönch saß in seinem Wagen auf dem Parkplatz neben einer Hauptverkehrsstraße. Sein Beifahrer war der Zen-Meister. Der Mönch, der nicht recht wußte, wie er sich verhalten sollte, wandte sich schließlich an seinen Meister mit den Worten: »Zenji, bitte lehre mich, mit Zen Auto zu fahren!«

Der Meister erwiderte: »Hörst du das Brausen des Stroms auf der Straße neben uns?«

»Ja«, sagte der Mönch, »ich höre es.«

»Begib dich dort hinein«, befahl der Meister.

Begeben Sie sich dort hinein

Sie fahren jetzt auf der breiten Hauptverkehrsstraße durch das offene Land. Ihr Bewußtsein ist durch nichts belastet, und Sie werden von keinen Gedanken und Vorstellungen, die Ihre Aufmerksamkeit stören, abgelenkt. Die hügelige, mit Bäumen bestandene Landschaft gleitet so sanft durch

Ihr Bewußtsein wie der warme Wind. Die weißen Linien auf der Straßendecke fliegen an dem Wagen vorbei, und neben Ihnen gleiten die Telegraphenmasten und -drähte in gleichmäßigem Tempo vorüber. Ihre Hände am Lenkrad spüren das leichte Vibrieren des laufenden Motors, und der Wagen umgibt Sie wie ein Kleidungsstück. Sie steuern durch jede Kurve, beschleunigen, überholen langsamere Wagen und fühlen, wie Reifen über die Straße rollen. Es ist ein herrlicher Tag, die Sonne scheint und taucht die Landschaft in ein wunderbares Licht. Sie selbst, die Straße und der Wagen reagieren sanft auf jede Ihrer Bewegungen und auf den Verkehrsstrom.

Doch jetzt fürchten Sie, zu spät zur Arbeit zu kommen. Sie befinden sich mitten im Verkehrsgewühl der Stadt. Ihr Zen-Bewußtsein fühlt sich gestört. Plötzlich finden Sie sich auf der linken Fahrspur wieder. Ihre Handflächen am Lenkrad fangen an zu schwitzen, und ein anderer Fahrer in einem großen und starken Wagen schneidet Sie. Ihre Geistesgegenwart und Geschicklichkeit bewahren Sie davor, Ihre Versicherung in Anspruch nehmen zu müssen. Aber daran denken Sie im Augenblick nicht. Sie haben nur das Gefühl, gerade noch Glück gehabt zu haben. Ihre Aufmerksamkeit weicht dem Mißtrauen. Sie verkrampfen sich und fahren viel zu unsicher weiter. Sie prüfen den Sitz Ihres Sicherheitsgurts. Nun bremsen Sie ab. Sie müssen daran denken, was Ihr bester Freund neulich gesagt hat, und schon sind Sie fast auf den Wagen, der vor Ihnen ist, aufgefahren! Sie schlagen mit geballter Faust auf das Lenkrad, die alte Karre taugt nichts! Sie brauchen einen neuen Wagen. Sie brauchen auch einen neuen Job. Sie schalten das Autoradio ein und drükken hintereinander auf alle Knöpfe, aber nirgends finden Sie die Musik, die zu Ihrer augenblicklichen Stimmung paßt.

Sicherlich wäre alles ganz anders, wenn das Fahren im Stadtverkehr ebenso beruhigend und erfreulich wäre wie das Fahren durch die offene Landschaft. Das ist die Musik, die Sie hören möchten. Es ist die Musik, die aus Ihrem Inneren ertönt. Wenn Sie sie eingeschaltet haben, verschafft Ihnen das Zen-Autofahren das Gefühl der inneren Freiheit. Dann können Sie instinktiv und sofort auf jede Verkehrssituation reagieren. Ihr Selbstvertrauen ist unerschüttert, Ihr Bewußtsein ist geschärft, und Sie gleiten durch den dichten Verkehr so, als führe Ihr Wagen über einen Schienenstrang – das ist das wahre Zen-Autofahren, Selbstsicherheit, gegründet auf das Vertrauen zu den eigenen Fähigkeiten und Kräften. Aber leider ist das nicht immer Ihr normaler Fahrstil. Vielleicht ist er das sogar *nie!* Vielleicht müssen Sie diesen Stil erst entwickeln. Außerdem gibt es noch andere Hindernisse zu überwinden – persönliche Blockaden, die diesen natürlichen Fahrstil plötzlich hemmen könnten. Eine Minute lang gelingt es Ihnen, den Zustand zu halten, aber schon in der nächsten Minute haben Sie den Kontakt zu sich selbst verloren.

Zwei Grundvoraussetzungen

Wie also wird man in einer solchen Situation zum Zen-Autofahrer?

Einerseits muß man sich der oft ins Unterbewußtsein verdrängten Hindernisse bewußt werden, welche die natürlichen Fähigkeiten blockieren. Nach der Lehre des Zen entstehen diese Hindernisse durch *Täuschung* und *Bindung*.

Ein Schüler fragte Roshi Kaplau: »Was kann ein Zen-Lehrer mir geben?«

Und Roshi Kaplau antwortete: »Er kann dir nichts geben, was du nicht schon hast. Aber er kann dir vieles nehmen, was deiner wahren Natur fremd ist.«

Es kommt also nicht so sehr darauf an, was einem fehlt, sondern darauf, was einen von dem trennt, was man bereits besitzt.

In Wirklichkeit besitzen Sie schon die natürlichen Anlagen des Buddha; sie sind Ihr ureigenes Selbst. Sie haben von Natur aus die Fähigkeit, ein Zen-Autofahrer zu sein – wenn Sie das Prinzip nur verstehen und in die Wirklichkeit umsetzen wollen, können Sie diese Fähigkeit praktisch anwenden. Damit ist es ebenso wie mit der Million Dollar, die man nicht ausgeben kann, wenn man nicht weiß, unter welcher Matratze man sie versteckt hat. Das Geld, das in einem unbekannten Versteck liegt, nützt Ihnen nichts. So ist es auch mit Ihrem natürlichen Selbst, das Ihnen erlaubt, ein Zen-Autofahrer zu werden. Sie müssen sich der Tatsache bewußt sein, daß Ihr natürliches Selbst immer vorhanden ist, und Sie dürfen nicht vergessen, es ständig in den Alltag miteinzubeziehen. Gleichzeitig sollten Sie erkennen, welche Umstände Sie hindern, sich seiner zu erinnern.

Ich habe es – oder etwa nicht?

Dieses »gewisse Etwas«, auf das es im Zen-Buddhismus ankommt, läßt sich schwer mit Worten erklären. Man kann es nicht analysieren, isolieren oder für Geld kaufen. Es läßt sich nicht erklären, man kann es nicht lehren, nicht geben und nicht empfangen. Das liegt nach der Lehre des Zen daran, daß es weder etwas zu lernen noch zu leisten oder zu erwerben gibt, denn jeder Mensch hat dieses »Etwas« von Geburt an. Das wird deutlich durch das Zen-Gleichnis von dem Mann, der auf seinem Ochsen sitzt und verzweifelt nach ebendiesem Ochsen sucht. Er weiß nicht, daß er auf ihm reitet. Konfuzius sagt zu diesem Thema: »Glaubst du denn, daß ich es vor dir verberge? Es gibt nichts, was ich vor dir verstecke.«

Es gibt nichts zu meistern, und es ist nicht notwendig, mit irgend etwas oder irgend jemandem in Konkurrenz zu treten. Es ist nicht notwendig, irgendwelche Maßstäbe an sich selbst anzulegen, weil jede Vorstellung, daß einem irgend etwas fehlt oder verborgen bleibt, eine Illusion ist. Das Bemühen darum, Leistungen zu verbessern, führt nicht zu der Art des Autofahrens, die wir meinen. Anstatt mit aller Kraft zu versuchen, die eigenen Fähigkeiten zu steigern – weil man glaubt, wenn man dies oder jenes ändern könnte, würde man glücklich sein –, muß man nur erkennen und anwenden, was man ohnehin in die Wiege gelegt bekommen hat. Nach der Lehre des Zen sind unsere Fähigkeiten nicht blockiert; was uns hindert, sie zu benutzen, ist, daß wir *glauben,* sie wären es. Im Zen gibt es keinen ersten Schritt, keinen Anfang und keinen »Weg« zur Erkenntnis. Es gibt nichts »zu tun«. Das ist, wie Hubert Benoit sagt, »das große Geheimnis und zugleich der wichtigste Hinweis, den die Zen-Meister uns geben«.

Unser technisches Erbe

Das Fundament ist die Erkenntnis der Tatsache, daß das Autofahren eine Erweiterung unseres natürlichen Selbst ist. Diese uns angeborene Fähigkeit ist mit Sicherheit kein mystisches Zen-Geheimnis. In unserer technologisch orientierten Welt wissen die meisten Menschen, wie man ein Auto fährt, bevor sie sich zum erstenmal hinters Lenkrad setzen. Sogar der Vizepräsident der California Driving School ist der gleichen Ansicht. Er sagte mir: »Wir bringen den Leuten nur bei, was sie ohnehin schon wissen. Sie müssen nur noch ein wenig üben. Sie sollen wissen, daß das Lenkrad eine Verlängerung ihrer Hände ist und sie die Bremse ganz automatisch betätigen werden. Im Grunde verfeinern wir beim Fahren eines Automobils nur die motorischen Fähigkeiten des Menschen.« Wir verfeinern also die Fähigkeiten und Veranlagungen, mit denen wir aufgewachsen sind.

»Ohne einen Fuß aufgehoben zu haben, sind wir schon angekommen. Die Zunge hat sich nicht bewegt, aber der Unterricht ist beendet.« – Mumonkan.

Wir sind in einer Welt der ständigen Bewegung und des Umgangs mit technischen Geräten aufgewachsen. Dabei sind wir in den Autos unserer Eltern mitgefahren, haben uns selbst mit Hilfe unserer Fahrräder, Skateboards und Gocarts fortbewegt, und deshalb haben wir ein Gefühl für das innere Gleichgewicht schon voll entwickelt, wenn wir alt genug geworden sind, die Fahrlehrer durch unsere Gegenwart zu erschrecken. An unserem achtzehnten Geburtstag fühlen wir uns im Straßenverkehr bereits vollkommen zu Hause.

Jedenfalls ist es mir so gegangen. Bevor mir der Führerschein ausgehändigt wurde, hatte ich schon viele Stunden am Lenkrad zugebracht. Wenn meine Eltern abends zu einer Party oder zum Essen ausgingen, kamen meine Freunde, und ich holte unseren Zweitwagen aus der Garage zu einer Schwarzfahrt ins Blaue. Anfangs hatte ich dabei ein schlechtes Gewissen, aber wenn ich heute daran zurückdenke, erinnere ich mich vor allem daran, wie selbstsicher ich mich bei diesem verbotenen Abenteuer fühlte. Es war ein herrliches Gefühl der Freiheit! Am liebsten fuhr ich auf ein Feld, drehte dort meine Kurven und freute mich an den gewaltigen Staubwolken, die hinter dem Wagen herzogen. Anschließend brachten wir den Wagen in eine Waschanlage und sorgten dafür, daß das Auto ebenso sauber in die Garage zurückkam, wie wir es herausgeholt hatten.

So wie ich die Dinge sah, haben mich diese Unternehmungen zu einem besseren Fahrer gemacht, denn man fährt sehr viel aufmerksamer, wenn man ständig daran denken muß, was der Vater tun wird, wenn er etwas von einem solchen Ausflug bemerkt.

Ich habe diese Geschichte einmal meiner Freundin Cathy erzählt und behauptet, Männer seien gewöhnlich bessere Autofahrer als Frauen. Ihr wollte das jedoch nicht einleuchten. Sie sagte, sie sei eine gute Fahrerin geworden, weil sie viele Jahre mit ihren Eltern mitgefahren sei und sie genau beobachtet hätte. Sie sagte, als sie ihren Führerschein bekam, sei sie ebenso selbstsicher gewesen wie ich, und das habe sie der Tatsache zu verdanken, daß sie sich im Wagen ihrer Eltern an das Fahren gewöhnt hatte. Dazu sei es nicht notwendig gewesen, wie ein jugendlicher Krimineller nächtliche Schwarzfahrten zu unternehmen. Vielleicht könne sie ihr Auto nicht so gut durch unwegsames Gelände steuern, sie glaube aber nicht, daß sie deshalb weniger von ihrem Leben habe. Und ich muß zugeben, daß Cathy tatsächlich eine ausgezeichnete und sichere

Fahrerin ist. Sie gehört zu den wenigen Menschen, neben denen ich auf dem Beifahrersitz das Gefühl der absoluten Sicherheit habe. Sie hat mir geholfen, manche geschlechtsbedingten Vorurteile zu überwinden, und mich davon überzeugt, daß jeder, sei es ein Mann oder eine Frau, durchaus in der Lage ist, sein angeborenes Talent für das Autofahren voll zu entwickeln und Freude daran zu haben.

»Es gibt nichts, was dir fehlt, und es besteht kein Unterschied zwischen dir und dem Buddha«, sagt der Vierte Patriarch, der ehrwürdige Taohsin. »Die Buddhaschaft läßt sich auf keinem anderen Weg erreichen als dadurch, daß man dem Bewußtsein erlaubt, sich selbst zu befreien.«

Man fährt so, wie man lebt

Der erste japanische Zen-Meister Dogen (1200 bis 1253) konnte zunächst nicht begreifen, was es bedeutete, »nichts zu tun, weil du schon alles getan hast«. Als junger, leidenschaftlicher und ungeduldiger Mönch fragte er: »Was hat es für einen Sinn, die buddhistischen Übungen zu praktizieren, wenn wir schon die Buddhanatur besitzen?«

Warum also sollte irgend jemand dieses Buch lesen und das Zen-Autofahren üben, wenn er schon alles beherrscht, was ein guter Fahrer können muß?

Dogen reiste nach China, um dort die Antwort auf seine Frage zu finden. *Wir* hingegen brauchen uns nur in unseren Wagen zu setzen, loszufahren und uns selbst zu beobachten, denn beim praktischen Fahren scheinen sich unsere natürlichen Anlagen, unsere technische Begabung und alle anderen positiven Eigenschaften plötzlich auf die hinteren Sitze zurückzuziehen. Wenn wir anfangen, uns über den dichten Stadtverkehr zu ärgern, verlieren wir die Fähigkeit, angemessen auf unsere Umwelt zu reagieren. Die anderen Verkehrsteilnehmer werden zu unseren Feinden, die Fahrt wird zu einem Hindernisrennen, und wir fangen an, mit uns selbst zu hadern. Unter solchen Umständen hindert uns irgend etwas daran, wie die Zen-Autofahrer zu agieren, die wir eigentlich schon sind. Auch wenn sich unser innerstes Selbst in einer noch so guten Verfassung befindet – es könnte lernen, im Rennen um den Grand Prix mitzufahren –, werden die uns angeborenen Fähigkeiten oft durch falsche Vorstellungen unwirksam gemacht. Das liegt nicht nur an unserem schlechten Fahrstil oder daran, daß wir nicht bereit sind, unser Verhalten am Lenkrad der jeweiligen Verkehrssituation anzupassen, sondern es sind bestimmte Aspekte unserer Persönlichkeit – Täuschungen und Bindungen –, die unseren Fahrstil beeinflussen und unsere natürlichen Fähigkeiten wie undurchsichtige Schichten oder Filter überdecken.

Fachleute, die untersucht haben, was die Fahrweise der Menschen beeinflußt, behaupten, »jeder fährt so, wie er lebt«. Sie sagen, das Verhalten eines jeden Fahrers sei nichts anderes als eine Manifestation seiner Persönlichkeit. Sie beweisen es sogar statistisch und zeigen, daß die meisten Unfälle auf menschliches Versagen zurückzuführen sind. Die Unfallhäufigkeit und das falsche Verhalten des Fahrers stehen in einer direkten Beziehung zu einer Reihe bestimmter Eigenschaften einzelner Menschen. So gibt es zum Beispiel einen Persönlichkeitstypus, der besonders häufig an tödlichen Unfällen beteiligt ist – und das ist besonders wichtig, weil Menschen dieses Typs auch zum Alkoholmißbrauch neigen. Es sind die arroganten Fahrer, die sich aggressiv, zu selbstsicher, zu forsch und zu impulsiv verhalten. Eine andere unter Studenten vorgenommene Untersuchung ergibt, daß die zu Unfällen neigende Persönlichkeit sich meist unsozial verhält, negativ eingestellt und nicht bereit ist, Verantwortung zu übernehmen oder sich in die Gemeinschaft einzuordnen.

Man sagt auch, daß uns das Autofahren die Gelegenheit bietet, uns auf sozialer und persönlicher Ebene ungehindert zum Ausdruck zu bringen, denn wir hätten dabei die Möglichkeit, jeder Laune und jedem Einfall spontan zu folgen. Aber wenn das Auto nur eine bewegliche Hülle unserer Persönlichkeit ist, wie der Zoologe Dismond Morris einmal gesagt hat, können wir beim Autofahren in große Schwierigkeiten geraten. Ich glaube, es bedarf keiner langen wissenschaftlichen Untersuchungen, um das zu beweisen. Diese Erkenntnis hindert die Wissenschaftler jedoch nicht daran, lange Berichte über solche Untersuchungen zu veröffentlichen, die Forscher wie ich dann auch lesen.

Die meisten von uns haben es schon erlebt, daß Freunde oder Bekannte schlecht gelaunt in ihren Wagen gestiegen und fortgefahren sind, um auf dem Beifahrersitz eines Abschleppwagens oder in einem Krankenwagen nach Hause oder ins Krankenhaus zurückgebracht zu werden. Ich könnte manche Geschichte von Dale erzählen, einem netten, aber leicht erregbaren Mann, der seine Konflikte dadurch zu lösen versuchte, daß er Tische, Wände oder Menschen mit den Fäusten bearbeitete. Und wenn er sich übel gelaunt ans Lenkrad seines Wagens setzte, benahm er sich nicht anders. Die Autos, die er zu Schrott gefahren hat, lassen sich nicht mehr zählen.

Bildliche Vorstellungen

Die menschliche Persönlichkeit wird weitgehend durch bildliche Vorstellungen bestimmt; durch die Vorstellung, wer wir sind, wie wir sein sollten, welche Beziehungen wir zu unserer Umwelt haben und was uns mit unseren Mitmenschen verbindet oder von ihnen trennt. Alle diese Vorstellungen sind irgendwie mit Emotionen beladen, und sie sind das Ergebnis vergangener Erfahrungen und Gedanken. Wir sind an diese Vorstellungen gebunden, weil wir fälschlich annehmen, daß die Bindung an solche Vorstellungen unsere wahre Identität und Sicherheit ausmacht.

Wenn wir uns von diesen Vorstellungen beherrschen lassen, verschleiern wir unser natürliches Selbst in der gleichen Weise, wie wir klares Wasser trüben würden, wenn wir es verunreinigten. Der historische Buddha lehrte, daß alles Leiden die Folge solcher Bindungen sei. Aitkin Rioshi sagt: »Nach dem Verständnis des Buddha ist das Gebundensein eine blinde Reaktion auf eine in der Vergangenheit erfolgte Aktion.«

Wir sind gefangen in einem Wirrwarr der Bindungen, die als Folge vergangener Erfahrungen entstanden sind. Wir werden beherrscht von Vorstellungen und Gedanken und sind uns dabei kaum der Tatsache bewußt, daß unser Verhalten von ihnen bestimmt wird.

Unser Handeln wird nur allzubald zu blinden Reaktionen auf unsere Umwelt oder unsere Lebensumstände. Man bezeichnet sie als »konditionierte automatische Reaktionsmuster« – das sind die im Schlamm lebenden Fische, die das klare Wasser unseres Bewußtseins trüben. Sie schwimmen herum, werden immer größer, wirbeln den Schlamm auf und fordern Futter! Wir werden von dem beeinflußt, was in unserem Inneren herumschwimmt. Wir werden von unseren Gedanken beeinflußt. Das Festhalten an bestimmten bildlichen Vorstellungen beeinflußt unsere Sichtweise, die Art, wie wir die Dinge beurteilen, und wie wir uns selbst oder eine Situation einschätzen, bestimmt unsere Reaktionen. Carlos Castaneda hat in einem Interview gesagt: »Die Aufgabe, die mir Don Juan gestellt hat, bestand darin, die meine Sichtweise beeinflussenden Vorurteile stückweise abzubauen.«

Der Meister Chao-chou wurde von einem Mönch gefragt: »Wie soll ich die vierundzwanzig Stunden des Tages nutzen?«

Chao-chou antwortete: »Du wirst von den vierundzwanzig Stunden benutzt: Ich benutze die vierundzwanzig Stunden.«

Es gibt ein Sprichwort: Nicht Sie denken Ihre Gedanken, die Gedanken denken Sie.

Die Vorstellungen, an die Sie gebunden sind, trennen Sie von Ihrem natürlichen Selbst. Was bedeutet es, wenn der Zen-Buddhismus den Begriff »Täuschung« gebraucht? »Täuschung« ist die irrige Vorstellung, der einzelne existiere getrennt von seinen Mitmenschen und der Welt. Durch solche Gedanken ist der Zustand der Ganzheit aufgehoben. Und ohne das Bewußtsein, Teil eines Ganzen zu sein, das es einem ermöglicht, sein natürliches Selbst zu akzeptieren, verliert man jede innere Sicherheit. Plötzlich beginnt man sich zu fürchten, man beginnt zu zweifeln, man hat das Gefühl, sich in einer Zwangslage zu befinden, man gerät in Zorn, man wird von Depressionen heimgesucht und ist so verwirrt, daß man nicht mehr klar denken kann. Wenn man beim Autofahren den Kontakt zu seinem natürlichen, freischwebenden Selbst verliert, kann es katastrophale Folgen haben. Denn irgendwann wird ein solcher Mensch im Netz seiner eigenen Vorstellungen gefangen und verliert dabei nicht nur seine Selbstsicherheit und sein Selbstvertrauen, sondern löst sich auch aus dem Zusammenhang mit allem, was ihn umgibt und was in seiner Umgebung geschieht.

Ein Verkehrspolizist, der seinen Wagen neben dem Ventura Freeway in Los Angeles, der amerikanischen Stadtautobahn mit der größten Verkehrsdichte, geparkt hatte, bemerkte plötzlich eine ältere Frau in einem Chrysler Le Baron auf der äußersten linken Fahrspur. Ohne auf die dort aufgestellten Warntafeln zu achten, fuhr sie durch die Absperrung auf der gleichen Spur weiter auf die Straßenarbeiter zu. In der Aufregung hatte sie offenbar nicht begriffen, daß sie die Umleitung übersehen hatte, und fuhr auf dem gesperrten Teil der Straße weiter. Die dort aufgestellten orangefarbenen Plastikzylinder flogen links und rechts zur Seite, und die erschreckten Straßenarbeiter konnten sich nur noch mit gewagten Sprüngen in Sicherheit bringen. Der Polizist startete seinen Wagen und konnte die Frau erst nach etwa zwei Kilometern stoppen. Sie öffnete das Seitenfenster ihres Wagens nur um einen Spalt und sah den Polizisten erschreckt an. »Ich habe irgend etwas falsch gemacht, nicht wahr?« sagte sie. Und als der Polizeibeamte es ihr erklärte, erwiderte sie verschüchtert, ja, sie habe die Leute gesehen – »die armen Männer!« –, aber nachdem sie einmal in die falsche Spur geraten war, habe sie keinen Ausweg aus dieser Situation mehr finden können. Während der Polizist sich überlegte, was er mit ihr tun sollte, fing sie an zu weinen.

Anders als diese in Panik geratene Frau, die sich

aus der Konfliktsituation nicht mehr befreien konnte, müssen wir es lernen, den Kontakt zu unserem freien, natürlichen Selbst niemals aufzugeben. Wir dürfen uns nicht in derartige Fallen locken lassen. Unsere Persönlichkeit ist ein Wirbel aus Ideen, Vorstellungen, Befürchtungen, Ansichten, Reaktionsmustern und Komplexen, die wir in der Vergangenheit erworben haben. Aus diesen Faktoren setzt sich unser Ego zusammen, und sie bestimmen unser Verhalten. Aber oft wirken die erworbenen Charaktereigenschaften wie Filter. Wäre es nicht sehr hilfreich, wenn wir diese Filter gelegentlich beiseite schieben könnten? Der Baseballspieler Babe Ruth war im Privatleben eine schillernde Persönlichkeit, aber im gleichen Augenblick, in dem der Ball geworfen wurde, bestand Babe Ruth nur noch aus Erfahrung und gespannter Aufmerksamkeit.

Die gleiche Konzentration wollen auch wir erreichen, wenn wir uns im Straßenverkehr bewegen. Wir müssen alle die Vorstellungen, die uns den Blick in die Wirklichkeit versperren, aus unserem Gesichtsfeld verbannen. Wie wir gesehen haben, kann das Verhaftetsein an bestimmte Vorstellungen eine Verkehrssituation negativ beeinflussen, starke Emotionen wecken und damit das Aussetzen der Aufmerksamkeit bewirken. Wir sollen uns in dieser farbig lackierten Blechkonstruktion nicht isoliert fühlen und uns nicht zu einer Melodie durch den Verkehr schlängeln, die uns von irgendwelchen zufälligen Vorstellungen vorgespielt wird. In einer solchen Situation sind wir nicht in der Lage, unser natürliches Selbst zum Ausdruck zu bringen, und es ist auch nicht die Melodie, die wir hören wollen.

Reine Erscheinung

Nach der Lehre des Zen ist alles von Anfang an Erleuchtung. Die Dinge sind so, wie sie sind. Ein Name des Buddha lautet »Tathagata«. Das bedeutet etwa »Reine Erscheinung«. Tathagata ist das Wesen des lebendigen Seins – das reine *Sosein* der Dinge. Das Denken, das Verhaftetsein mit Beurteilungen, die automatischen Reaktionsmuster und die philosophischen Vorstellungen unseres Bewußtseins jeder Art stören diese reine Erscheinung. Eine Zen-Geschichte berichtet von dem chinesischen Zen-Lehrer Hogen, der in der Einsamkeit lebte.

Eines Tages wurde Hogen von vier Wandermönchen besucht, die ihn fragten, ob sie in seinem Garten ein Feuer anzünden könnten, um sich zu wärmen. Während sie das Feuerholz aufschichteten, hörte Hogen ihrem Streitgespräch über Subjektivität und Objektivität zu. Er mischte sich in das Gespräch ein und sagte: »Dort drüben liegt ein großer Stein. Meint ihr, daß dieser Stein sich innerhalb oder außerhalb eures Bewußtseins befindet?« Der angeblich intelligenteste der vier Mönche stellte sich vor ihm auf und erklärte selbstsicher: »Nach buddhistischer Auffassung ist alles eine Objektivierung des Bewußtseins, und deshalb würde ich sagen, daß sich dieser Stein innerhalb meines Bewußtseins befindet.«

»So«, meinte Hogen. »Dein Kopf muß sich sehr schwer fühlen, wenn du einen solchen Stein darin herumträgst.«

Das bedeutet, ein Stein ist ein Stein und nichts als ein Stein.

Maya

Persönlichkeitsbilder sind das, was die Zen Buddhisten *Maya* nennen, Täuschung – Täuschung insofern, als sie im Gegensatz zur wahren Natur des Menschen gar nicht wirklich existieren. In Wirklichkeit sind es nur oberflächliche Eindrücke, die lediglich Teil unseres Lebens sind, weil wir an ihnen haften und sie überall mit uns herumtragen.

Erst wenn wir erkennen, daß es Illusionen sind, können wir uns von den uns belastenden Bildern befreien – eigentlich haben wir das längst getan, denn sie haben niemals wirklich existiert. Das ist eine geschickte Methode im Zen, aber sie ist sehr hilfreich, denn obwohl wir uns der Tatsache bewußt sind, wie sehr uns unsere automatischen Reaktionen und das Festhalten an bestimmten Vorstellungen beim Autofahren behindern, gelingt es uns auch unter größten Anstrengungen oft nicht, sie loszuwerden. Zen ermöglicht uns das, wenn es uns lehrt, uns nicht mehr auf das zu konzentrieren, was *falsch,* sondern was *richtig* ist.

Achtsamkeit und Erfahrung

Unsere Persönlichkeit hat weder im guten noch im schlechten Sinne etwas mit dem Autofahren zu tun. Das Fahren hat nur etwas mit Achtsamkeit und Erfahrung zu tun. Das Fahren als solches ist nur ein ununterbrochener Strom von Augenblicken, die wir mit unserem Bewußtsein wahrnehmen, aber keiner dieser Augenblicke gleicht dem anderen – wie auch keine Schneeflocke der anderen gleicht.

Wenn man einen bestimmten Augenblick voll bewußt erlebt, dann nimmt man alles wahr, was in diesem durch Zeit und Raum bestimmten Augenblick, dem sogenannten »Jetzt« wahrzunehmen ist, und wenn man das tut, dann eröffnet sich einem das »natürliche Selbst«. Nach der Lehre des Zen ist der Einblick in das natürliche Selbst das gleiche wie das »Wirksamwerden« dieses Selbst.

Das natürliche Selbst ist das, was übrigbleibt, wenn man sein Bewußtsein ruhigstellt und alle bildlichen Vorstellungen von der eigenen Persönlichkeit ausschaltet. Wenn das geschehen ist, stützt sich das natürliche Selbst im Umgang mit der Umwelt nur noch auf Erfahrung und Achtsamkeit. Durch Erfahrung und Achtsamkeit gewinnt man die Fähigkeit, ein Fahrzeug so zu beherrschen, wie es der Natur des Selbst entspricht, und wenn man sich weiter durch Erfahrung und Achtsamkeit leiten läßt, gewinnt man Vertrauen zu seinem eigenen von der Natur gegebenen Talent, bis man schließlich selbst dieses Talent wird.

Das natürliche Selbst ist vielleicht nichts anderes als Erfahrung und Achtsamkeit. Niemand kann sagen, was genau das natürliche Selbst ist. Wie ein Materialteilchen in der Atomphysik ist es unsichtbar, und seine Existenz läßt sich nur durch Auswirkungen nachweisen. Auch dem bedeutendsten Psychologen ist es nicht gelungen, dieses natürliche Selbst zu erkennen und zu definieren. Es läßt sich in keine von der menschlichen Ratio zu erfassende Begriffskategorie einordnen.

Eugen Herrigel, der Verfasser des Buches *Zen und die Kunst des Bogenschießens,* fragt einen Zen-Meister: »Wer oder was ist dieses ›Es‹?« Und der Meister antwortet: »Wenn du das verstanden hast, dann wirst du mich nicht mehr brauchen. Und wenn ich versuchen wollte, dir auf Kosten deiner eigenen Erfahrung einen Hinweis zu geben, dann wäre ich der schlechteste Lehrer und würde es verdienen, daß man mir die Erlaubnis zu lehren entzieht. Laß uns deshalb aufhören zu reden und statt dessen mit unseren Übungen fortfahren.«

II. Kapitel

Die Praxis: Meditation in der Bewegung

Was fehlt dir in diesem Augenblick?

Hakuin

Unmittelbar auf das Ziel zu

Autofahren nach der Zen-Methode ist mühelos und spontan, es ist das unbeabsichtigte Geschehenlassen des »Nicht-Tuns«. Sie überlassen das Fahren dem »Es« – entspannen Sie sich, und überlassen Sie Ihr Fahrzeug dem »Es«. Aber wie können wir dieses »Es« veranlassen, in Aktion zu treten? Wie setzen wir unser natürliches Selbst ein, um zu Zen-Fahrern zu werden?

»Denke nicht darüber nach«, sagte mir mein Vater jedesmal, wenn ich eine bestimmte Aufgabe übernehmen sollte, »tue es nur!«

Wenn wir gute Zen-Fahrer werden wollen, müssen wir vor allem dafür sorgen, daß wir uns nicht in irgendwelchen gedanklichen Vorstellungen festfahren, in bloßen Worten und Anweisungen. D. T. Suzuki sagt, daß »Zen niemals erklärt, sondern Hinweise gibt«. Zen hofft, jede Verwirrung zu vermeiden, indem das Ziel direkt aufgezeigt wird. Wenn der Meister seinem Schüler den Mond zeigen will, indem er mit dem Finger auf den Himmel deutet, dann kommt es ihm darauf an, daß der Schüler nicht den Finger für den Mond hält.

Dieses Buch ist der auf das Ziel deutende Finger, aber es deutet nicht auf den Mond. Es deutet auf das technische Gerät, das am Straßenrand oder in der Garage steht. Gehen Sie auf das Fortbewegungsmittel zu, und setzen Sie sich hinein.

Machen Sie es sich bequem

Setzen Sie sich ans Lenkrad, entspannen Sie sich, machen Sie ein paar tiefe Atemzüge, und seien Sie sich bewußt, daß jeder weitere Fortschritt jetzt in Ihren Händen liegt: Das Fahrzeug, in dem Sie sitzen, ist Ihr Lehrmeister.

Werden Sie sich zunächst der Tatsache bewußt, daß Sie sich jetzt in einer ganz neuen Umgebung befinden. Seien Sie hellwach: Sehen Sie sich um, gewöhnen Sie sich an Ihre neue Umgebung, und erkennen Sie, wo Sie sind. Sie sitzen hier in einem bequemen Gefährt, das praktisch eine Erweiterung Ihres Selbst ist. Empfinden Sie sich und Ihren Wagen als eine Einheit. Wie beim Fechten, bei dem das Florett eine Verlängerung Ihres Armes ist, dessen Spitze ebenso sensibel ist wie Ihre Fingerspitzen, wird Ihr Wagen jetzt zur Erweiterung Ihres Körpers und Ihrer selbst. Wenn Sie den Sicherheitsgurt anlegen, dann ziehen Sie Ihren Wagen wie ein Kleidungsstück an.

Bleiben Sie ruhig sitzen, und machen Sie es sich bequem. Ihre Hände liegen auf dem Lenkrad wie die Zeiger einer Uhr, die zehn vor zwei anzeigt, und Ihre Füße stehen neben den Pedalen auf dem Boden. Bevor Sie sich in den Verkehr einfädeln und eine Reihe von Entscheidungen treffen, müssen Sie Ihren eigenen Mittelpunkt finden. Das muß in aller Gelassenheit geschehen. Irgendwie müssen Sie das Gefühl des »Hier und Jetzt« bekommen, um den Rhythmus Ihres natürlichen Selbst zu spüren – eine Disziplin und eine praktische Übung, die man als Meditation *(zazen)* bezeichnet. Das ist der Kern des Zen-Buddhismus.

Gleiten Sie in den ruhigen Rhythmus des Hier und Jetzt Ihres natürlichen Selbst, und damit gleiten Sie in *den, der Sie sind.* Hugh L'Anson Fausset sagt: »Jede Meditation gründet sich auf die Überzeugung, daß wir die Realität, von der wir in Wirklichkeit niemals getrennt sind, nur anerkennen und ihr zustimmen müssen.«

Ein klares Bewußtsein, kein Denken

Um Ihr natürliches Selbst aufleuchten zu lassen, müssen Sie ein klares Bewußtsein haben. Um das zu erreichen, lassen Sie den Motor an, und während er warmläuft, vertreiben Sie alles, was Sie bis zu diesem Augenblick getan haben, aus Ihrem Bewußtsein. Vergessen Sie alle Diskussionen und Streitereien, die Sie möglicherweise noch beschäftigen, vergessen Sie auch schöne Erlebnisse, die Sie gehabt haben. Lassen Sie alles vergangen sein. Denken Sie auch nicht an das Ziel, das Sie ansteuern. Wo Sie auch hinfahren wollen, zur Schule, zur Arbeit, zum Zahnarzt – jetzt ist es gleichgültig! Was Ihnen auch immer durch den Kopf gehen mag, registrieren Sie es, und lassen Sie es hinter sich. Sie brauchen einen klaren Kopf ohne alle störenden Gedanken. *In der Ruhe und Gelassenheit des Nichtdenkens wird Ihre Achtsamkeit geschärft.*

Vergessen Sie auch alles, was Sie beim Fahren tun oder unterlassen sollten. Denken Sie nicht mehr an die technischen Einzelheiten, die Sie über Ihren Wagen gelernt haben, denn obwohl es sehr nützlich zu sein scheint, diese Dinge zu wissen, werden sie Sie in diesem Augenblick nur stören. Wenn Sie sich beim Fahren nicht selbst im Wege stehen, werden Sie alle Schwierigkeiten meistern, ohne daß Sie sich dessen bewußt werden. Der Psychologe Joseph Chilpon Pearce sagt: »Gott arbeitet, und der Mensch spielt – das ist wenigstens der biologische Plan, und so soll es sein.« Wenn Sie nun in Ihrem Wagen die Straße entlangfahren und Ihnen dabei die verschiedensten Situationen begegnen, ist der von Ihrem Bewußtsein nicht wahrgenommene Vorgang – für einige ist es »Gott«, für die Buddhisten ist es *dharma* oder das »Gesetz«. Etwa der folgende Ablauf passiert: Empfindung – Wahrnehmung – Entscheidung – Reaktion. Die Wahrnehmung ist etwas besonders Wichtiges, denn sie beeinflußt unsere Entscheidungen. Es kommt darauf an, *wie* wir das, was wir wahrnehmen, beurteilen. Und die Bedeutung oder Färbung, die wir den Wahrnehmungen verleihen, wird von unseren Vermutungen und Begriffen, von unseren *Gedanken* bestimmt. Aitken Roshi sagt: »Für die Realisation des Subtilen ist es von größter Bedeutung, daß man das Denken ausschaltet.«

Es kommt darauf an, alle von innen und von außen kommenden Ablenkungen fernzuhalten. Obwohl ich es nicht beweisen kann, möchte ich glauben, daß in allen Autos, die mit unzähligen Aufklebern geschmückt sind, Fahrer sitzen, in deren Kopf Gedanken und Meinungen herumschwirren – sie sind vollgekleistert mit inneren Aufklebern. *Kein Denken, kein Überlegen, keine Form* – das ist es, was Sie erreichen sollen. Werfen Sie alle Gedanken, Vorstellungen, Ideen, Meinungen, Erwartungen, Begriffe und Gewohnheiten über Bord. Befreien Sie Ihr Bewußtsein von allem Ballast, und seien Sie Sie selbst – fühlen Sie sich in jeder Hinsicht wohl, voller Vitalität und Energie, aktionsbereit, gelassen und fähig, mit jeder Situation fertig zu werden, ohne Rücksicht auf die äußeren Umstände.

»Was ist Meditation?« fragt der Zen-Meister Huineng aus dem siebenten Jahrhundert. »Es ist das durch nichts Gestörtsein. Kein Gedanke, sei er gut oder schlecht, darf durch die äußeren Umstände erregt werden.«

Das »Es« übernimmt die Führung

Nehmen Sie nun Ihr klares, beruhigtes Bewußtsein, und lassen Sie es mit Ihrem Wagen die Straße entlangfahren. Während Sie durch die Straßen Ihrer Wohngegend fahren, denken Sie daran, was Akihisa Kondo über die Meditation gesagt hat: »Es ist die völlige Konzentration auf das, was man gerade tut. Es ist der absolute Glaube an sich selbst!« Mit dieser Zielstrebigkeit und dem unerschütterlichen Glauben an Sie selbst fahren Sie durch die Straßen und tun – ganz einfach – nichts.

Sie werden noch viel Übung brauchen, bis Sie die »Technik« der Meditation in der Bewegung beherrschen, aber zunächst fahren Sie genauso, wie Sie es normalerweise tun würden. Was Sie trotz aller schlechten Angewohnheiten, Befürchtungen oder Hemmungen tun, ist ganz in Ordnung. Das Autofahren ist immer eine weitgehend automatische Tätigkeit; es ist nicht notwendig, dabei nachzudenken und sich alles, was man tut, bewußt zu machen. Sie fahren einfach weiter. Ohne dazu aufgefordert zu sein, tun Sie etwa das, was die Zen-Buddhisten *wu-wei* oder »Nichttun« nennen. Beim »Nichttun« hört man, wie Ruth Fuller Sasaki sagt, »nicht auf zu handeln, aber das Handeln geschieht spontan aus dem ewigen Fluß der Aktivität des ›Es‹; das Handeln steht nicht im Einklang mit irgend etwas, sondern es *geschieht.*«

Die Gelassenheit des »Es«

Für den erfahrenen Autofahrer gehört dieses Nichthandeln zur täglichen Praxis, aber wahrscheinlich sind wir uns dessen gar nicht bewußt. Die meisten von uns verfügen schon über eine lange Fahrpraxis, und während wir am Lenkrad sitzen, verhalten wir uns wie die Zen-Meister des Fechtens (kendo), denn das rein Technische unseres Tuns ist uns zur zweiten Natur geworden. Wir müssen nicht daran denken, wie weit wir die Lenkung einschlagen müssen, um den Wagen durch eine enge Kurve zu fahren, und wir machen uns auch keine Gedanken darüber, wie stark wir auf die Bremse treten müssen, um den Wagen vor der roten Ampel anzuhalten. Auch der Zen-Fechtmeister denkt nicht daran, in welchem Winkel er sein Schwert halten muß, um den Hieb seines Gegners zu parieren oder selbst anzugreifen. Denn wenn er das täte, würde er nicht mehr auf die Bewegungen des Gegners achten können – beim Autofahren würde es zu »Blechschäden« kommen. Der erfahrene Fechtmeister und Autofahrer hat eine gewisse »Gelassenheit« entwickelt, die Fähigkeit, natürlich und voller Selbstvertrauen auf jede Situation zu reagieren.

Eine der besten Beschreibungen dieser Gelassenheit – des beglückenden Gefühls, das man erlebt, wenn man etwas tut, ohne darüber nachzudenken – gibt der Schriftsteller und Neurologe Oliver Sacks. Sacks hatte sich auf einer Wanderung eine schwere

Beinverletzung zugezogen, und obwohl ihm seine Ärzte versicherten, mit den richtigen Übungen würde er wieder richtig gehen können, besserte sich sein Zustand nicht. Nachdem alle seine Versuche gescheitert waren, sich »mit eisernem Willen« zum Gehen zu zwingen, wäre er fast verzweifelt. Doch dann wurde Sacks eines Tages durch eine Musik in seinem Inneren »zum Leben erweckt«, und er tat die ersten entscheidenden Schritte. Später schrieb er:

»Die Freude am bloßen Tun – an seiner Schönheit und Einfachheit – war eine Offenbarung. Es war das Leichteste und Natürlichste, was man sich denken kann, und doch so viel mehr als die komplexesten Berechnungen und Programme. Hier bei diesem Tun gewann man mit einem Schwung die absolute Sicherheit, durch eine Gelassenheit, welche die kompliziertesten Berechnungen weit hinter sich ließ oder sie vielleicht einschloß und transzendierte... Was war es also, das mir plötzlich wiedergeschenkt wurde? Es war die triumphale Rückkehr des lebendigen Wesenskerns ›Ich‹... es war nicht das körperlose, denkende, allein wirkliche ›Ego‹ von Descartes, das nichts fühlt, nichts bewirkt, nicht *ist* und nichts tut. Es war nicht diese hilflose geistige Fiktion. Was kam, was sich ankündigte – so handgreiflich und so überwältigend großartig –, war ein den ganzen Körper ergreifendes Lebensgefühl und eine Handlungsbereitschaft, die einem ursprünglichen, alles beherschenden und von einem starken Willen beseelten ›Ich‹ entsprang... Dieses neue, das

Physische transzendierende Prinzip war Gelassenheit... und es zeigte mir deutlich, mit aller Gewißheit und auf natürliche Weise den Weg zum nächsten Schritt. Diese Gelassenheit war die Voraussetzung und das Wesen allen Tuns.«

Hier müssen wir noch einmal darauf hinweisen, daß wir als langjährige Autofahrer normalerweise nicht darüber nachdenken, was wir beim Fahren – ebenso wie beim Gehen – tun. Die Forschung sagt uns zum Beispiel, daß der Autofahrer im Stadtverkehr durchschnittlich etwa zweihundert Entscheidungen auf einer Strecke von einem Kilometer trifft. Man stelle sich das Verkehrschaos vor, das entstehen würde, wenn jeder Fahrer alle diese Entscheidungen bewußt treffen würde.

Aber eine noch größere Gefahr würde es bedeuten, wenn wir unsere natürlichen inneren Fähigkeiten nicht anerkennen und verwenden würden. Wenn wir diese innere Gelassenheit nicht kultivieren, läßt sie mit der Zeit nach, und wir könnten sie schlimmstenfalls sogar ganz verlieren. Roshi Kapleau sagt: »Was für die geistige Entwicklung eines Menschen tödlich wäre, ist der Verlust des Glaubens an die Versicherung des Buddha, daß jeder von uns im Grunde seines Wesens rein und ganz und durch Disziplin und Übung fähig ist, diese innere Vollkommenheit zu realisieren.«

Disziplin und Praxis: Meditation in der Bewegung

Die Disziplin, die uns beim Autofahren mit Sicherheit zu dieser gelassenen Perfektion führt, bezeichnen wir als *Meditation in der Bewegung*. Sie erfordert zunächst einige Mühe, aber wenn wir uns dazu motivieren können, sie eine Zeitlang zu praktizieren, sagen wir zehn bis fünfzehn Minuten bei jeder Fahrt, dann werden wir zu glücklicheren, sichereren, aufmerksameren und besseren Autofahrern werden – zu Zen-Fahrern.

Bei der Meditation in der Bewegung beschäftigen wir uns mit etwas, das wir im Grunde schon besitzen. Die Gelassenheit ist etwas sehr Subtiles, und mit der Meditation in der Bewegung werden wir daran erinnert, daß wir sie in uns fühlen. Wir stellen fest, daß wir mit dieser inneren Gelassenheit eine Art Achtsamkeit praktizieren, die nichts mit unserem Ego, mit der nach außen sichtbaren Persönlichkeit zu tun hat. Die Meditation in der Bewegung erlaubt es unserem natürlichen Selbst, sich zu entfalten. Vorgefaßte Meinungen werden aus unserem Bewußtsein herausgefiltert, und wir lösen uns von falschen Vorstellungen, die unser Verhalten stören würden, wenn wir es ihnen erlaubten, in unser Bewußtsein vorzudringen. Im Diamant-Sutra heißt es: »Ohne an einem Objekt zu hängen, wird der Geist frei.«

Dieses Freiwerden des Geistes eröffnet uns den

Zugang zu den beiden Grundvoraussetzungen für das Zen-Autofahren, zu Achtsamkeit und Erfahrung. Die Meditation in der Bewegung hilft uns also, Achtsamkeit und Erfahrung zu erleben und zu intensivieren. Wenn wir im Vertrauen auf unser natürliches Selbst in der Bewegung meditieren, werden wir uns aller Gegenstände und Vorgänge, die wir mit den Sinnen wahrnehmen, voll bewußt und erfahren und *fühlen* alles, was wir tun, und alles, was um uns geschieht.

Das Nichtsehen

Mit einem klaren und ruhigen Geist, der sich von allen »durch Wahrnehmungen erzeugten Vorurteilen« befreit hat, sind wir nur noch reine »Achtsamkeit und Erfahrung«. Mit der Meditation in der Bewegung entwickeln wir eine neue Art des Wahrnehmens. Wir üben dabei das, was man im Zen als »Nichtsehen« bezeichnet. Das heißt, wir beobachten nur noch, ohne das Wahrgenommene zu qualifizieren. »Wenn das Sehen zum Nichtsehen wird, dann ist es das wahre Sehen«, sagt Suzuki. Das wirkliche Sehen ist der Verzicht auf den »spezifischen Akt des Sehens im eng umgrenzten Rahmen eines bestimmten Bewußtseinszustands«.

Wenn Sie die Meditation in der Bewegung üben, müssen Sie den Ort, an dem Sie sich befinden, voll akzeptieren, und das ist in diesem Fall das Innere

Ihres Wagens. Verzichten Sie auf alle Erwartungen, auf alle Vergleiche und alle technischen Daten. Verharren Sie in jenem klaren, beobachtenden und durch nichts behinderten Seinszustand, und lenken Sie dabei Ihr Fahrzeug. Sie sitzen jetzt nicht aufrecht und aufmerksam an einem ruhigen Ort wie in einem Zendo oder Meditationsraum, sondern Sie sitzen aufrecht und aufmerksam in Ihrem sich vorwärts bewegenden Fahrzeug. Und während Sie sich mit Ihrem Fahrzeug bewegen, meditieren Sie. Lassen Sie sich durch nichts beeinflussen, was sich in Ihrem Inneren oder außerhalb Ihrer selbst befindet. Erleben Sie diesen Zustand, ohne sich von irgend etwas stören zu lassen. Wenn eine Störung auftritt, Sie Zorn oder eine andere Gemütsbewegung empfinden oder ein anderer Fahrer, der Ihre Fahrbahn kreuzt, Sie ärgert, registrieren Sie dieses Gefühl nur, ohne es zu bewerten oder zu vertiefen. Konzentrieren Sie sich sofort wieder auf Ihre Umgebung. Sie fahren weiter und nehmen mit großer Aufmerksamkeit an dem Vorgang des Fahrens teil. Seien Sie sich dabei der Tatsache bewußt, daß Sie alles, was um Sie herum geschieht, zum erstenmal erleben. Alles verändert sich unaufhörlich, und jede Verkehrssituation erfordert ganz bestimmte Reaktionen. Nichts darf übersehen werden. Ihr Geist, Ihr Körper und Ihre Sinne sollen hellwach sein. Seien Sie sich beim Fahren bewußt, daß alles, was Sie *sehen,* so neu ist wie das erste Lächeln eines Babys, auch wenn Sie *glauben,* Sie hätten alles schon einmal gesehen.

Wirklichkeit oder ein Bild auf dem Fernsehschirm?

Aus dieser neuen Perspektive werden Sie erkennen können, daß die Dinge, die Sie durch die Frontscheibe Ihres Wagens sehen, zum erstenmal geschehen. Es paßt in kein Konzept, läßt sich in kein Gedankenschema einordnen und ist nicht in Ihrem Gedächtnis gespeichert. In jedem Augenblick entdekken Sie etwas Neues. Während Sie in der Bewegung meditieren, erfahren Sie, daß Sie hier und jetzt an allem, was geschieht, beteiligt sind. Nur wenn Sie Ihre Wachsamkeit und Aufnahmebereitschaft verlieren, wird Ihr Wahrnehmungsvermögen von einem schwarzen Schleier verdunkelt, und Sie kehren zu alten Vorstellungsmodellen und Bildern zurück. Die Windschutzscheibe Ihres Wagens verwandelt sich in einen Fernsehschirm. Sie sind ebenso wie vor Ihrem Fernsehgerät von dem, was Sie wahrnehmen, getrennt. Und wie alles, was Sie im Fernsehen sehen, erscheint auch das, was Sie am Lenkrad Ihres Wagens wahrnehmen, vorprogrammiert und bis ins einzelne geplant und vorausberechnet. Sie registrieren bei der Meditation in der Bewegung alles Geschehen so, als würde es jetzt in diesem Augenblick zum erstenmal passieren. Wenn Ihnen die Vorgänge, die außerhalb Ihres Wagens geschehen, vorprogrammiert erscheinen, beurteilen Sie sie bereits – dann sind Sie nicht mehr aufmerksam genug. Was Sie dann sehen und worauf

Sie dann reagieren, könnte ebensogut auch ein Fernsehprogramm sein.

Solange Sie durch die Straßen in der unmittelbaren Umgebung Ihrer Wohnung fahren, kommt Ihnen alles vertraut vor. Sie haben das Gefühl, daß Sie die Bilder, die an Ihnen vorüberziehen, schon tausendmal gesehen haben. Die gleichen Häuser, die gleichen Straßen, die gleichen Kinder, der gleiche Himmel, die gleiche Erde, die gleichen Probleme und die gleiche langweilige Routine. Alles weckt Erinnerungen und Assoziationen, Vorstellungen, die sich in Ihrem Kopf angesammelt haben und Ihre Wahrnehmungen beeinflussen. Diese Bilder veranlassen Sie, Ihre Achtsamkeit aufzugeben. Sie nehmen Ihre Umwelt nicht mehr als einmaliges Erlebnis wahr, und die Fahrt wird zur langweiligen Routine. Die Statistiken zeigen, daß sich die meisten Unfälle auf Strecken ereignen, die dem Fahrer vertraut sind. Deshalb kann es gefährlich sein, unaufmerksam durch eine bekannte Gegend zu fahren.

Leben in einer gläsernen Kugel

Wenn Sie in einem Wagen durch eine selbstinszenierte Fernsehshow fahren, verhalten Sie sich ähnlich wie der Mensch, von dem Castanedas Don Juan sagt, er lebe in einer »gläsernen Kugel«. Dieser alte Magier meint, wir lebten in einer geschlossenen Sphäre oder Kugel, deren Innenfläche so blank und glatt sei wie ein Spiegel, »... und was wir auf der gekrümmten Innenfläche wahrnehmen, ist unser eigenes Spiegelbild... was sich hier widerspiegelt, sind unsere Vorstellungen von der Welt. Diese Vorstellungen sind zunächst nur eine Beschreibung, die wir vom Augenblick unserer Geburt an bekommen, bis unsere ganze Aufmerksamkeit von dieser Beschreibung gefangen wird und sie sich zu einem Bild verdichtet.«

Viele Autofahrer öffnen sich, wenn sie sich in ihren Wagen setzen, nicht der Achtsamkeit und den auf sie wartenden Erfahrungen, sondern sie schließen sich gewissermaßen in eine gläserne Kugel ein.

Ich habe viele Wochen versucht, einer Frau mittleren Alters zu helfen, die gläserne Kugel, in der sie saß, zu zerschlagen. Sie war ein leicht erregbarer, zu dramatischen Auftritten neigender, kritisch und manchmal sogar sarkastisch veranlagter Mensch. Mit ihr durch die Stadt zu fahren, war zunächst nichts Besonderes, das heißt, solange sie langsamer fuhr als fünfzig Stundenkilometer. Aber wenn sie diese Geschwindigkeit überschritt, fuhr sie gewissermaßen in eine andere Welt. Ich stellte fest, daß die Fahrerin andere Fahrer zum Wahnsinn trieb, weil sie sogar auf einer freien Landstraße niemals schneller fuhr als in der Stadt. Als ich sie fragte, was sie dabei empfinden würde, wenn sie schneller fuhr, antwortete sie: »Ich sehe nur noch undeutliche Umrisse. Ich weiß nicht recht, was das ist, denn die Dinge huschen mit großer Geschwindigkeit an mir vorüber, und manchmal glaube ich, daß ich mit ihnen zusammenstoßen werde. Alles liegt wie im Nebel. Das macht mir große Angst. Wissen Sie, was ich meine?« Ich mußte zugeben, daß ich mir das nicht vorstellen konnte. Ich hatte keine Ahnung, wie sich die Umgebung in ihrem Kopf darstellte. Deshalb sagte ich, mir selbst sei so etwas noch nie passiert. »Das ist aber gar keine fremde Welt«, erwiderte sie.

Aber in Wirklichkeit war es doch eine fremde Welt, und was die Fahrerin dort erlebte, wirkte sich eindeutig auf ihren geistigen und körperlichen Zustand aus. Sie hatte das Gefühl, daß ihre Brust eingeschnürt wurde, und konnte nicht mehr frei atmen. In ihren Händen kribbelte es, ihr ganzer Körper fing an zu glühen, und ihre Haut rötete sich. Sie war fest davon überzeugt, im nächsten Augenblick einen Herzanfall zu erleiden oder in einen Unfall verwickelt zu werden. Wie bei vielen unter Phobien leidenden Menschen waren die Ängste, von denen die fünfundvierzigjährige Fahrerin heimgesucht wurde, wahrscheinlich die Folge eines ins Unterbewußtsein verdrängten Traumas. Ich erklärte ihr, daß ihr meiner Meinung nach das Meditieren in der Bewegung nicht nur helfen werde, eine bessere und sicherere Autofahrerin zu werden, sie werde damit auch ihre verborgenen Ängste bekämpfen und schließlich loswerden können.

Die Meditation in der Bewegung ist die beste Methode, sich vom Einfluß falscher Vorstellungen und Ängste zu befreien. Wenn man von solchen Bildern und Angstgefühlen heimgesucht wird, muß man seine Vorstellungswelt durch Achtsamkeit und Erfahrung wieder in Ordnung bringen. Das heißt, man soll sich all dessen bewußt werden, was um einen her geschieht, und es zur Kenntnis nehmen, ohne es zu beurteilen oder zu werten. Diese Haltung ist Ausdruck unseres wahren Selbst, und von diesem Bewußtseinszustand sollen wir ausgehen. Im folgenden will ich nun im einzelnen auf diese Achtsamkeit und diese Erfahrungen eingehen, welche die Basis der Meditation in der Bewegung und damit auch die Grundlage des Autofahrens mit Zen sind. Sie werden erkennen, daß Achtsamkeit und Erfahrung Teile eines Vorgangs sind. Sie bedingen einander und unterstützen sich: Sie sind sich dessen, was Sie erfahren, bewußt, und Sie erfahren und fühlen das, was Ihr Bewußtsein erfüllt. Doch um diese beiden Begriffe genauer zu untersuchen und zu erklären, wollen wir sie einzeln betrachten.

Die Achtsamkeit des Samurai

Beginnen wir mit der Achtsamkeit. Das ist die Disziplin, die uns befähigt, jederzeit alles wahrzunehmen, was sich in einem Umkreis von dreihundertsechzig Grad in der Reichweite unserer Sinne ereignet. Wenn Sie in Ihrem Auto sitzen, müssen Sie sich bewußt sein, daß Sie sich in einer vielschichtigen Realität bewegen, in der sich die Dinge auf jeder vorstellbaren Ebene ereignen. Beobachten Sie wie ein Samurai alles, was Sie in einem Umkreis von dreihundertsechzig Grad wahrnehmen können. Seien Sie auf alle möglichen Situationen gefaßt. Lassen Sie Ihrer Aufmerksamkeit auch nicht die kleinste Kleinigkeit entgehen. Achten Sie auf die Geschwindigkeit, die Sie fahren, und auf Ihre Umgebung; richten Sie Ihre Achtsamkeit in alle Richtungen – so weit nach vorn, so weit zurück und so weit seitwärts, wie Sie sehen können. Es gehört nichts Besonderes dazu, eine solche Aufmerksamkeit zu entwickeln und sie beizubehalten. Schauen Sie in den Rückspiegel und zur Seite, wenden Sie den Kopf nach links und nach rechts, oder drehen Sie auch den Körper zur Seite. Tun Sie alles, was Sie ohne besondere Anstrengung tun können, damit Sie alle Vorgänge in einem Umkreis von dreihundertsechzig Grad bewußt wahrnehmen. Dabei sollten Sie genau wissen, was in Ihrer Umgebung und direkt vor Ihnen geschieht.

Achtsamkeit ist ein Bewußtseinszustand des Hier und Jetzt. Sie nehmen dabei in jedem Augenblick etwas Neues wahr. Dabei dürfen Sie nie glauben, Sie wüßten, was ein anderer Verkehrsteilnehmer tun wird, denn wenn Sie darüber nachdenken, verlieren Sie Ihre Achtsamkeit und bringen sich und andere in Gefahr. Durch Nachdenken können Sie sich nicht aus einer Gefahrensituation befreien. Der Vorgang des Denkens ist tausendmal *langsamer* als Ihr natürliches Selbst; das Nichttun ist tausendmal *schneller* als jedes bewußte Handeln. Die Wachsamkeit, der Scharfsinn, die Entschlossenheit und die

Aufmerksamkeit des natürlichen Selbst ist durch nichts zu übertreffen. Um diese Fähigkeit zu vervollkommnen, muß man sie nur gebrauchen!

Seien Sie wachsam – konzentrieren Sie sich auf Ihre Wachsamkeit.

Registrieren Sie alles, was außerhalb Ihrer selbst geschieht, und nehmen Sie es in Ihre reine Wachsamkeit auf. Beachten Sie alles, was sich innerhalb Ihres Gesichtsfeldes und der Reichweite Ihrer Sinne befindet. Achten Sie auf die wechselnden Bilder, Geräusche und Gefühle, die Ihnen auf Ihrem Weg begegnen und an denen Sie vorüberfahren. Beobachten Sie die weißen Linien und alle Unebenheiten auf der Straße, die Formen und Farben der neben Ihnen fahrenden Wagen. Beobachten Sie das Aufleuchten der Verkehrslampen auf der ganzen vor Ihnen liegenden Strecke, soweit Sie sie erkennen können. Wie ist die Verkehrssituation vor und hinter Ihnen? Wie verhalten sich die Fußgänger auf den Bürgersteigen? In welche Richtung fallen die Schatten der Bäume? Wie stark weht der Wind? Wie nahe sind Sie den anderen Wagen? Das alles ändert sich, während Sie die Straße entlangfahren und in der Bewegung meditieren, aber Sie bleiben an keiner dieser Wahrnehmungen hängen. Ihr Bewußtsein haftet an nichts von alledem, aber nichts entgeht Ihnen. Beachten Sie laufend die sich ständig verändernde Verkehrssituation: Der Mustang, der Ihnen in einem Abstand von wenigen Metern folgt, holt auf; der blaue Toyota bleibt zurück, der Lastwagen dreißig Meter vor Ihnen wechselt die Fahrspur. Sie hören ein Motorrad links hinter sich; an der nächsten Straßenkreuzung kommt ein Kind auf dem Fahrrad von rechts an die Kreuzung heran. Auf dem Fensterbrett jenes weißen Hauses sitzt ein Hund und schaut auf die Straße.

Niemand kann Sie diese Achtsamkeit lehren. Alles, was Sie brauchen, ist der Vorsatz oder die Motivation. Sie werden Sie automatisch zur Achtsamkeit führen. Der menschliche Geist ist durchaus fähig, in der Bewegung alles wahrzunehmen, was ringsumher geschieht. Man muß nicht unbedingt in eine bestimmte Richtung sehen, um zu wissen, was in einem bestimmten Augenblick dort vorgeht. Wenn Sie ununterbrochen wachsam bleiben, wird Ihnen Ihr Bewußtsein ein vollständiges, bewegliches Bild all dieser Vorgänge vermitteln. Diese Fähigkeit erlaubt Ihnen, sich in aller Gelassenheit flüssig durch den Verkehr zu bewegen, und sorgt dafür, daß Sie notfalls sofort auf eine plötzlich auftretende gefährliche Verkehrssituation reagieren können. Theoretisch wartet überall irgendeine Gefahr auf Sie.

Die Statistik sagt, daß zwei der vier Hauptursachen für Autounfälle Unaufmerksamkeit und Unvorsichtigkeit seien, mit anderen Worten ungenügende Achtsamkeit. Wenn Sie sie jedoch nach den für die Meditation in der Bewegung geltenden Regeln schärfen, dann wird Ihnen automatisch bewußt, mit welchen Gefahren Sie rechnen müssen. Sie wissen, wo diese Gefahren auf Sie warten, wie weit die Gefahrenstelle von Ihnen entfernt ist, und da sich alles um Sie herum bewegt, können Sie vorausberechnen, wann die gefährliche Situation eintreten wird.

Sie sollen sich aber nicht nur dessen bewußt sein, was außerhalb Ihrer selbst geschieht, sondern Sie müssen sich auch auf das einstellen, was in Ihrem Inneren vorgeht. Seien Sie sich deshalb während des Fahrens bewußt, welche Gedanken Ihnen ständig durch den Kopf gehen. Dabei sollten Sie besonders auf die Meinungen, Standpunkte, kritischen Beurteilungen und Emotionen achten, die durch das Geschehen angeregt werden. Nur zu oft ertappen wir uns dabei, daß wir andere Verkehrsteilnehmer mit unfreundlichen Ausdrücken belegen: »Dieser Dummkopf!« »Du Idiot!« »Grüner wird die Ampel nicht, mein Freund!« »Noch ein bißchen langsamer, mein Fräulein, dann könnten Sie ebensogut zu Fuß gehen!« Dieses nutzlose Geschwätz bringt Sie aus dem inneren Gleichgewicht und läßt Sie den Kontakt mit Ihrem natürlichen Selbst verlieren. Vermeiden Sie es auch, sich selbst zu scharf zu kritisieren. Nehmen Sie Rücksicht auf sich. Konzentrieren Sie sich statt dessen auf Ihre Umgebung.

Achten Sie auch auf alle Assoziationen. Wenn Sie zum Beispiel an einem hübschen Park vorüberfahren, erinnern Sie sich vielleicht an eine alte Liebe. Später, wenn Ihnen das Zen-Autofahren zur zweiten Natur geworden ist, werden Sie sich an solchen Erinnerungen erfreuen. Aber zunächst kommt es darauf an, daß Sie Ihr natürliches Selbst finden und erweitern, indem Sie eine Erinnerung oder Assoziation wahrnehmen, sie sich bewußt machen und sich dann sofort von ihnen lösen.

Erfahrung

Dieser hohe Grad der Achtsamkeit wird natürlich nicht durch irgendeine verfeinerte Bewußtseinsgymnastik erreicht, vielmehr muß alles, was um Sie herum geschieht, auch mit dem *Gefühl* erfaßt werden. Sie sollten sich also dessen nicht nur bewußt sein, sondern es zugleich auch gefühlsmäßig *erfahren*. Damit meine ich die Wahrnehmung jedes Aspekts des Autofahrens durch Geist und Körper, denn das Fahren wird sowohl physisch als auch mental wahrgenommen.

Sie müssen die Wagen der anderen Verkehrsteilnehmer so deutlich wahrnehmen, daß Sie sie »fühlen« können. Sie sollten fühlen, wie sie sich Ihnen nähern, zurückbleiben oder Sie bedrängen. Und Sie sollen auch fühlen, wie Sie den eigenen Wagen beschleunigen, um einen größeren Abstand zu Ihrem Verfolger zu gewinnen. Sie fühlen die Beschaffenheit der Straße unter den Rädern Ihres Wagens, die Unebenheiten, die Schlaglöcher und die glatte Straßendecke, die Nässe der Fahrbahn nach einem Regenschauer und das Dröhnen der stählernen Brücke, über die Sie fahren.

Welche Gefühle löst die Beschaffenheit der Stadt

in Ihnen aus? Welche Gerüche nehmen Sie wahr? Was hören Sie? Den Motor? Den Fahrwind? Die Verkehrsgeräusche? Das laute Plärren des Radios eines Teenagers? Erfahren Sie, wie Ihr Wagen auf Ihre Aktionen reagiert; das leichte Vibrieren des Lenkrads, das Haften der Reifen auf der Straßenoberfläche, das Gewicht und die Lenkbarkeit Ihres Wagens. Wie schnell ist Ihr Fahrzeug? Wie schwerfällig? Fühlen Sie, wie es sich in der nächsten Kurve verhält und wie Sie sich selbst in die Kurve legen? Fühlen Sie die Geschwindigkeit, und spüren Sie Ihren Fuß auf dem Gaspedal oder der Bremse. Nehmen Sie die Bewegung Ihres Wagens wahr, und spüren Sie, wie sich Ihr Körper an den Sicherheitsgurt preßt, wenn Sie plötzlich bremsen müssen. Fühlen Sie die Kraft der Beschleunigung, wenn Sie anfahren, nachdem die Verkehrsampel auf Grün geschaltet hat.

Es ist diese Erlebnisfähigkeit, dieses *vollständige Dasein,* das sich mit Worten kaum beschreiben läßt, welches das Autofahren zu etwas Besonderem macht, zu etwas, das für Sie zu einer Selbstverständlichkeit wird, als sei die Straße eine Einrichtung, die von vorneherein Ihren persönlichen Bedürfnissen angepaßt worden ist.

Fahren Sie ruhig weiter, und erleben Sie, was dabei in Ihrem Inneren geschieht. Müssen Sie fürchten, zu einer Verabredung zu spät zu kommen? Haben Sie irgendwelche Sorgen? Gibt es Verkehrsstauungen, die Sie nervös machen? Welches Gefühl empfinden Sie, wenn Sie sehen, daß ein anderer

Fahrer über eine rote Ampel fährt? Macht es Sie wütend, und können Sie diese Wut nicht loswerden? Alle diese Gefühle, besonders Zorn und Furcht, können Sie, wenn Sie sich nicht von ihnen befreien, aus dem inneren Gleichgewicht bringen. Sie trennen Sie von Ihrem natürlichen Selbst – der reinen Achtsamkeit und Erlebnisbereitschaft. Sie unterbrechen Ihre Meditation in der Bewegung und machen das Fahren anstrengend, obwohl es Ihnen Freude bereiten sollte. Die Straße ist nicht mehr für Sie gemacht, und das Fahren wird zu einem Hindernisrennen. Wenn also Störungen solcher Art eintreten, müssen Sie sich von ihnen befreien und zur Disziplin der Meditation in der Bewegung zurückkehren. Nehmen Sie die Störungen wahr, erleben Sie sie, und registrieren Sie sie, doch dann lösen Sie sich von ihnen, und konzentrieren Sie sich wieder auf das, was Sie während des Fahrens sehen und fühlen.

Die Disziplin der Meditation in der Bewegung

Wenn wir beim Üben der Meditation in der Bewegung ein gewisses Selbstvertrauen gewonnen haben, beginnen wir, immer intensiver »in der Gegenwart« zu leben. Wir werden eins mit unserer Umgebung, und während wir fahren, erleben wir die Welt aus einer neuen Perspektive. In dieser neuen Geisteshaltung, in der wir ganz in der Gegenwart leben, ist uns das Autofahren im Sinne des Zen so sehr zur zweiten Natur geworden, daß wir schwierige Verkehrssituationen mit der gleichen Selbstverständlichkeit bewältigen, wie wir eine lästige Fliege verscheuchen.

Das alles klingt ganz einfach, ist aber oft leichter gesagt als getan. Das Einüben ist ein hartes Stück Arbeit, und für manche Menschen kann das Lernen der Meditation in der Bewegung eine schwere Prüfung sein.

Der fünfundvierzigjährigen Fahrerin, die von Ängsten geplagt wurde, während sie am Steuer saß, habe ich erklärt, daß ihre Wahrnehmungen durch Gedanken und Gewohnheiten beeinflußt werden. Aber anstatt ihr zu sagen oder anzudeuten, daß irgend etwas mit ihr nicht in Ordnung war, forderte ich sie auf, sich mit dem vertraut zu machen, was für sie das Richtige war. Ich wies sie an, bei ihren Fahrten durch die Stadt die Meditation in der Bewegung zu üben. Sie sollte sich darauf konzentrieren, ihre Aufmerksamkeit zu schärfen und ihre Umwelt und sich selbst zu erleben, ohne das Wahrgenommene zu bewerten. Ich sagte ihr, daß sie lernen müßte, diese sie erschreckende Welt zu akzeptieren und zu erforschen. Ich sagte: »Das wird Ihr Selbstvertrauen stärken. Und das *Ich,* dem Sie vertrauen, ist stärker, als Sie glauben. Achtsamkeit und Erfahrung werden dazu führen, daß sich dieses Ich erweitert. Mit anderen Worten: Durch ständiges Üben wird sich Ihr Fahrverhalten verbessern.« Sie sollte vor ihren Ängsten nicht davonlaufen, sondern sich dieser Gefühle bewußt werden und sie erleben. Auf diese Weise würde sie sich ihren Hemmungen stellen und die Gefühle ertragen lernen, von denen sie *glaubte,* sie seien unerträglich und müßten deshalb bekämpft werden.

Nachdem sie sich an das Fahren aus dem eigenen ruhigen, meditativen Mittelpunkt gewöhnt hatte, unternahmen wir die ersten kurzen Versuche auf einer Landstraße. Ich verlegte diese Fahrten auf möglichst verkehrsarme Zeiten und verdeckte den Tachometer mit einer Karte, um zu erreichen, daß sie das Fahren, die Geschwindigkeit und das Fahrgefühl unbeeinflußt durch die Anzeigen der Instrumente erlebte. Sie sollte sich dabei allein auf die eigene Achtsamkeit und die eigenen Erfahrungen verlassen, auf die Anzeigen der Instrumente in ihrem Inneren, und dabei die Bilder wahrnehmen, die ihre Ängste und Verwundbarkeiten in ihr weckten, während sie erlebte, wie weit sie ihr Fahrzeug beherrschte oder noch mit Schwierigkeiten zu kämpfen hatte.

Zunächst fuhr sie wie gewohnt sehr langsam, erhöhte dann aber allmählich die Geschwindigkeit, bis sie von ihren Gefühlen überwältigt fast in eine Art Panik geriet. Wenn sie glaubte, die Spannung nicht mehr ertragen zu können, verlangsamte sie die Fahrt. Das wiederholte sich bei mehreren Ausfahrten, bis ihre Gefühle schließlich in anderer Form zum Ausdruck kamen. Sie äußerten sich dann in einer traurigen Stimmung oder als freudige Erregung, aber immer noch gemischt mit Furcht. Doch sehr bald gelang es ihr, diese Stimmungen zu akzeptieren. Am Ende unserer gemeinsamen Arbeit konnte die Fahrerin bei jeder Verkehrsdichte auf den Fernverkehrsstraßen fahren und alle Gefühle ertragen, indem sie sich auf ihre Umgebung und das, was sie beim Fahren erlebte, konzentrierte.

Anerkennung und Bejahung

Wenn es uns gelingt, während der Meditation in der Bewegung den reinen Zustand der Achtsamkeit und der Erfahrung aufrechtzuerhalten, legen wir damit das Fundament für zwei sehr wichtige Aspekte des Autofahrens: Anerkennung und Bejahung. Wenn wir uns darauf konzentrieren, mit geschärfter Aufmerksamkeit das Geschehen um uns herum zu erleben, können wir während des Fahrens lernen, die Tatsache zu akzeptieren, daß wir alle miteinander verbunden sind und innerhalb des Verkehrsstroms eine Gemeinschaft bilden. Gleichzeitig erkennen und bejahen wir unsere individuelle Fähigkeit, jeder Verkehrssituation gerecht zu werden. Auch diese beiden Qualitäten – das *Yin* und *Yang* des Fahrens – entwickeln sich im Laufe der Meditation in der Bewegung.

Aber unterbrechen wir nun einmal für kurze Zeit die Meditation in der Bewegung. Wir stellen den Wagen an den Straßenrand und untersuchen diese beiden Qualitäten genauer.

Die beste Beschreibung dieser beiden Qualitäten hat mir Sean gegeben, ein erfahrener Taxifahrer aus San Francisco. Wir haben uns stundenlang über das Autofahren unterhalten, und dabei wurde mir klar, daß Sean, obwohl er noch nie etwas von Zen-Meditation gehört hatte, ein echter Zen-Autofahrer war.

Er sagte: »Für mich ist es sehr wichtig, in jedem Augenblick hellwach zu sein. Ich zwinge mich dazu, meine Umgebung scharf zu beobachten. Fahren ist mein Beruf; ich will Geld damit verdienen. Im allgemeinen können die Leute nicht ständig die richtigen Entscheidungen treffen. Sie sind verwirrt, und zwar weil sie versuchen, über einen Ausweg aus irgendeiner Situation nachzudenken, anstatt nur darauf zu reagieren... Wenn man durch die Stadt fährt, geschieht um einen her ständig etwas Neues. Irgend jemand versucht, in der zweiten Reihe zu parken. Ein anderer sucht nach einem freien Parkplatz und fährt plötzlich rückwärts. Ich sehe diese Dinge kommen und versuche, mich dadurch nicht behindern zu lassen. Ich kann das schon frühzeitig vermeiden, weil ich aufpasse. Kurz gesagt, wenn man sicher fährt, verdient man mehr Geld. Sicher zu fahren heißt, daß man Selbstvertrauen hat. Aber dieses Selbstvertrauen kann sehr leicht zur Aggressivität werden. Viele Fahrer sind sozusagen ausgebrannt, und deshalb sind sie zu aggressiv und zu verkrampft. Dann wird das Autofahren zu einem Krieg zwischen den Fahrern. Wenn Ihnen jemand die Vorfahrt nimmt, reagieren Sie während der folgenden halben Stunde aufmerksamer, sobald ein anderer Fahrer Sie irgendwie behindert. Wenn Sie ein Taxi fahren, können Sie das jeden Tag sehen oder zwanzigmal erleben. An manchen Tagen denkt man, der Vollmond sei schuld daran oder es läge irgend etwas in der Luft. Es gibt Tage, an denen die Fahrer sich ständig anhupen und versuchen, sich gegenseitig auszumanövrieren. Dabei entstehen allerhand feindselige Gefühle. Im Idealfall sollte man sich beim Fahren keine Gedanken darüber machen, was man tut. Das Fahren muß zur zweiten Natur werden. Wir Fahrer haben einen Sozialkontrakt miteinander abgeschlossen. Ich muß ständig daran denken, daß diese Leute *mir persönlich* eigentlich gar nichts antun wollen. Vielleicht sind sie dumm oder nur unaufmerksam. Vielleicht sind sie auch nur ängstlich oder unentschlossen. Darüber darf ich mich nicht aufregen. Ich darf sie nicht für meine Feinde halten. Am schlimmsten wäre es, wenn ich das Gefühl dafür verlieren würde, daß wir gemeinsam die Straße benutzen und aufeinander angewiesen sind. Ich denke noch heute daran, daß ich eines Tages richtig schlechter Laune war und diese Frau hinter mir hupte. Ich fuhr ganz rechts heran, um sie vorbeizulassen, aber sie fuhr mir nach und hupte weiter. Das machte mich sehr böse. So gab ich Gas und versuchte, ihr davonzufahren. Aber sie hupte weiter und deutete mit dem Finger auf irgend etwas. Schließlich stellte sich heraus, daß ich meine Nebelleuchten eingeschaltet hatte, und sie wollte mir das mitteilen. Aber ich dachte, sie wollte mich nur veranlassen, schneller zu fahren. Hätte ich mich nach ihr umgesehen, hätte ich sofort gewußt, daß sie mir nur einen Gefallen tun wollte. Als ich es schließlich merkte, hatte ich ein richtig schlechtes Gewissen.

Wenn man jeden Tag durch diesen Verkehr fährt, dann ist es so, als befände man sich in einem Strom. Man kann nur ganz bestimmte Dinge tun. Man kann vielleicht einem herunterhängenden Ast ausweichen, aber man kann einen im Weg liegenden Felsbrocken nicht beiseite schieben. Der Autofahrer lebt in einer Art Mikrokosmos, in dem es um das Überleben geht. Er muß sich fragen, wie er auf bestimmte Situationen reagieren soll. Aggressiv? Negativ? Oder soll man versuchen, Freude am Fahren zu haben?

So fragt man sich, ob man es begriffen hat, daß gewisse Dinge unvermeidbar sind und man deshalb keinen Grund hat, sich über irgend etwas aufzuregen. So möchte ich mich verhalten – jedenfalls versuche ich es, wenn ich fahre.«

Sean und ich waren uns darin einig, daß wir die kleinen Widerwärtigkeiten und Störungen *akzeptieren* müssen, um wirklich Freude am Autofahren zu haben. Wir müssen uns als Teil der »kollektiven Erfahrung« empfinden. Auf der Straße begegnen wir den verschiedensten Persönlichkeiten. Es sind die verschiedensten Wagen, die mit unterschiedlichen Geschwindigkeiten die Straße befahren, und die Fahrer selbst beherrschen ihre Fahrzeuge nicht alle gleich gut. Wir können die Anlage des Straßennetzes nicht verändern und die Gegebenheiten nicht nach unseren Wünschen gestalten. Wenn jemand uns die Vorfahrt nimmt, zu langsam fährt und unseren Zorn erregt, müssen wir es ganz einfach akzeptieren. Wir müssen es zur Kenntnis nehmen, um es sofort wieder zu vergessen. Auf diese Weise tragen wir dazu bei, daß der Straßenverkehr harmonisch abläuft.

Während Sie nun ganz ruhig in Ihrem geparkten Wagen sitzen und durch die Frontscheibe blicken, sollten Sie verstehen, daß Ihnen die Anerkennung der gegebenen Situation die Möglichkeit bietet, die »Glaskugel« zu zerbrechen, in der Sie sitzen. Nur so können Sie sich von den Zwangsvorstellungen lösen, die dazu führen, daß Sie die Welt sehen wie einen Film auf dem Fernsehschirm.

Einheit

In Wirklichkeit gibt es außerhalb unseres Wagens nichts von uns Getrenntes oder Starres. Nach der Lehre des Zen-Buddhismus ist alles im ständigen Fluß und steht zueinander in Beziehung, während sich die Dinge unaufhörlich verändern. Sie und die Welt außerhalb Ihres Autos gehören zu einem Ganzen. Daraus leitet sich die buddhistische Vorstellung ab, daß es in Wirklichkeit nichts Einzelnes gibt. Alles ist ein einziger gemeinsam ablaufender Vorgang. Es gibt kein Selbst, keine Form, keinen

Geist, kein Ding, nur die große nahtlose Leere, *Sunjata*.

Für westliche Ohren klingt das vielleicht ein wenig entmutigend. Was soll das heißen, *kein Selbst? Kein Ich?* Ohne uns auf lange, ermüdende metaphysische Erörterungen einzulassen, müssen wir uns ein wenig mit dem Zen in den westlichen Naturwissenschaften beschäftigen, um zu verstehen, was hier gemeint ist.

Dabei kommen wir zunächst zur Arbeit des Nobelpreisträgers Ilya Prigogine, dessen bahnbrechende Studien auf dem Gebiet der Thermodynamik sich nicht nur zufällig mit den Problemen des Transportwesens beschäftigt haben. Er selbst und das amerikanische Verkehrsministerium haben zum Beispiel die von ihm entwickelten holistischen mathematischen Methoden verwendet, um vorauszuberechnen, wie bestimmte Verkehrsströme ablaufen werden.

Prigogine hat Formeln für ein Universum entwickelt, in dem alles einschließlich von uns Menschen an sich ständig verändernde, fließende Energien gebunden ist. Prigogine glaubt, daß die Formen, die wir im Universum vorfinden, ihre Gestalt nicht deshalb bewahren, weil die vorhandenen Energien zu einem statischen Gleichgewicht verschmolzen sind, sondern wegen ihrer symbiotischen Beziehung zu der sich unaufhörlich verändernden Umwelt. Prigogine nennt diese miteinander in Beziehung stehenden Formen »Dissipative Strukturen« und behauptet, sie existierten und überlebten nur deshalb, weil sie einen ständigen Austausch von Materie und Energie zuließen, ein sich gegenseitiges Durchdringen innerhalb einer Ökologie auf den verschiedensten Ebenen. Diesen Vorgang hat der Mystiker Walter Russel »einen rhythmisch ausgewogenen Austausch« genannt. Ein gutes Beispiel dafür wäre ein Strudel in einem Fluß, denn dieser Strudel hat seine Existenz allein dem Austausch von Kräften innerhalb des Flusses zu verdanken. Je größer die Selbständigkeit einer Struktur ist, desto stärker sind nach Prigogine der Austausch und die gegenseitige Abhängigkeit innerhalb der hier aufeinander wirkenden Kräfte. Mit anderen Worten, nichts kann ohne die Einflüsse der Umwelt bestehen, in der es sich befindet.

Es ist wichtig, daß wir Prigogines Modell von den sich selbst im ständigen dynamischen Austausch mit ihrer Umgebung organisierenden Strukturen akzeptieren und uns von der falschen Vorstellung oder dem falschen Bild trennen, das uns vorspiegeln will, es gäbe in unserer Welt »Dinge«, die vollkommen selbständig und unbeeinflußt existieren. Es gibt keine autonomen Formen, die für sich allein existieren. Ihre Selbständigkeit ist *buchstäblich* abhängig von ihrer *gegenseitigen* Abhängigkeit. Carl Jung hat das sehr deutlich ausgesprochen, als er sagte, das Wort *Individuum* bedeutet unteilbar, ungeteilt.

Ein Netz aus Edelsteinen

In der Psychologie von Jung bedeutet das Erlangen der vollen Individuation das gleiche wie die Entwicklung des Selbst, und dieses von Jung so bezeichnete Selbst ist das, was wir das natürliche Selbst nennen. Marie-Louis von Franz erklärt: »In Jungs Symbol des Selbst ist ein extremes Paradox enthalten. Es ist einmal das Allerintimste, das Allerindividuellste und zugleich ein Spiegel der totalen Wirklichkeit.«

Wenn der Buddhismus über Vorstellungen spricht, die denen Jungs gleichen, dann verwendet er dazu das Bild vom »Netz des Indra«. Die Einheit und die gegenseitige Abhängigkeit aller Dinge wird dargestellt durch ein großes *Gewebe,* das sich durch alle Zeiten und Universen erstreckt und sie miteinander verbindet. Überall dort, wo sich die Fäden dieses Netzes kreuzen, befindet sich ein Edelstein, und auf der Oberfläche jedes einzelnen dieser Kristalle spiegelt sich jeder andere Kristall dieses riesigen Netzes. Jeder Edelstein reflektiert jeden anderen. Sie alle wirken wie Millionen von Spiegeln, die einander zugewendet sind. Diese ins Unendliche gehenden Spiegelungen sind voneinander abhängig, aber zugleich sind sie als ein Ganzes miteinander verbunden.

Die Spaltung führt zum Konflikt

Der Buddhismus stimmt insofern vollkommen mit den physikalischen Erkenntnissen von Prigogine und der Psychologie Jungs überein, als auch nach seiner Auffassung jede Existenz eines unabhängigen Individuums nur im Kontext des Einen gesehen werden darf. Die Auflösung dieses Zusammenhangs und dic Vorstellung, daß es außerhalb dieses Einen selbständige Existenzen geben könnte, ist eine Täuschung, die aber allzu oft als Tatsache angesehen wird. Für den Buddhismus ist das »Selbst« eine solche Täuschung. J. Krishnamurti behauptet: »Daß die Bedeutung des Selbst so stark betont wird, richtet großen Schaden in der Welt an, denn es wirkt trennend und führt deshalb ständig zum Konflikt, und zwar nicht nur zum Konflikt des Menschen mit sich selbst, sondern auch mit der Gesellschaft.« Yasutani Roshi sagt: »Der fundamentale Irrtum der Menschheit ist der Glaube, ich sei hier und du seist dort draußen... Die Praxis des Zen besteht darin, das Selbst in der Vereinigung mit etwas zu vergessen.«

Sie können es als Tatsache akzeptieren, daß der Fahrer nicht getrennt von der Straße, die er benutzt, existiert. Es ist ein Irrtum, sich vorzustellen – sich von Bildern beeinflussen zu lassen –, daß Sie, wenn Sie in Ihren Wagen steigen, irgendwie auf magische Weise von Ihrem Lebensraum getrennt werden. Diese Art des isolierenden Denkens veranlaßt viele Autofahrer, sich in irgendeiner Weise verkehrswidrig zu verhalten. Beim Fahren befinden Sie sich nicht in einer Konfliktsituation. Anders als beim japanischen Fechten gibt es hier keine Gegner. Und doch werden, wenn die Täuschung des Egoismus die Oberhand gewinnt, Gefühle des Getrenntseins und des Zorns wach, und plötzlich *sind* alle anderen Fahrer Ihre Feinde.

Der Premierminister in der Tang-Dynastie, Kuo Tze, besuchte sehr gern seinen von ihm hochgeschätzten Zen-Meister. Die beiden Männer kamen sehr gut miteinander aus. Der Premierminister zeigte weder Hochmut noch Eitelkeit, und der Zen-Meister begegnete ihm nicht mit übertriebener Höflichkeit oder Unterwürfigkeit. Doch eines Tages fragte Kuo Tze: »Roshi, wie erklärt der Zen-Buddhismus den Egoismus?« Der Meister sah ihn böse an und sagte in überheblichem spöttischen Ton: »Was hast du da gesagt, du Hohlkopf?!« Diese unerwartete Verhöhnung machte Kuo Tze wütend, und er sah den Meister mit einem wutverzerrten Gesicht an. Dieser lächelte nur und sagte dem Premierminister: »Euer Exzellenz, das ist Egoismus!«

Zorn und aggressives Verhalten sind die deutlichen Anzeichen der Trennung, der Unfähigkeit voll zu akzeptieren, daß wir Teil eines Ganzen sind.

Auf der Straße erleben wir diese Ganzheit zum Beispiel, wenn die linke Fahrspur endet und der Verkehr sich nach rechts einfädeln muß. Das geschieht ganz reibungslos, wenn die Fahrer schon vorher die Geschwindigkeit aufeinander abstimmen und sich nach dem Reißverschlußprinzip einordnen. Damit das geschehen kann, müssen die Fahrer sich willig an den Verkehrsfluß anpassen. Aber allzuoft geschieht etwas ganz anderes. Einzelne Fahrer werden vom Ehrgeiz gepackt, wechseln vorzeitig die Fahrspur und drängen sich, gewöhnlich aggressiv, in die ihnen *rechtmäßig zustehende Lücke*. Dabei hindern sie die anderen Wagen daran, sich fließend und harmonisch einzuordnen. Wenn die einzelnen Fahrer bei solchen Gelegenheiten vergessen, daß sie Teile eines ganzen Verkehrsstroms sind, und jeder seinen persönlichen Impulsen folgt, kommt es zu Stauungen, und die ganze Kolonne wird zum Halten gezwungen.

In Wirklichkeit gibt es keinen krassen Unterschied zwischen dem, was wir gewöhnlich als *ich,* und dem, was wir als *alles andere* ansehen. In Wirklichkeit begeben wir uns in dem Augenblick, in dem wir uns in unseren Wagen setzen, in ein größeres Beziehungsnetz, in das sich auf der Straße bewegende System der Verkehrsteilnehmer. Wir nähern uns nicht nur den anderen Menschen, sondern beteiligen uns an einem gemeinsamen Unternehmen wie an einem großen nach einer bestimmten Choreographie gestalteten Tanz. Der natürliche Rhythmus dieses Tanzes, diese fließende Bewegung von Autos und Menschen, wird durch die Disziplin der Meditation in der Bewegung gefördert.

Mitgefühl

Als Ergebnis der Meditation in der Bewegung, bei der wir uns als Teil eines Ganzen erfahren, beginnen wir uns selbst in den anderen Fahrern wiederzufinden. Wir beginnen Mitgefühl *(Karuna)* zu entwickeln. Mit anderen Worten, wir nehmen den anderen als Teil unseres Selbst an. Mitgefühl ist das Bindemittel, das die Menschen miteinander verknüpft. Ohne Mitgefühl können wir unsere Fähigkeiten als Zen-Autofahrer nicht zum Ausdruck bringen. Das Mitgefühl beginnt mit der bedingungslosen Freundlichkeit gegenüber uns selbst – wir akzeptieren uns und identifizieren uns mit unserem natürlichen Selbst –, und wir bringen den anderen Verkehrsteilnehmern die gleichen freundschaftlichen Gefühle entgegen. Das Wunderbare an diesem Mitgefühl ist die Tatsache, daß wir es ständig in uns tragen. Es kommt nur dann nicht zum Ausdruck, wenn wir zwischen uns und unserer Umwelt unüberwindliche mentale Barrieren errichten. Es ist diese künstliche Trennung, das Fehlen der Bereitschaft, den anderen zu akzeptieren und ihm unser Mitgefühl entgegenzubringen, das dazu führt, daß wir jeden anderen Autofahrer kritisieren und Blechschäden oder Schlimmeres verursachen. Beim Autofahren nach der Zen-Methode gibt es keine Behinderungen mit Ausnahme unserer eigenen störenden Gedanken. Wenn Sie sich über die anderen »schlechten Fahrer« ärgern und sich durch sie gestört fühlen, betrachten Sie sie als Felsblöcke im Strom und weichen ihnen ganz einfach aus. Wenn Sie ein guter Zen-Autofahrer sind, kann Sie *nichts* aufregen!

Bejahung

Wenn Sie nun durch das Üben der Meditation in der Bewegung Ihre Achtsamkeit geschärft haben und in der Lage sind, Ihre Umwelt mit wachen Sinnen wahrzunehmen, müssen Sie Ihr natürliches Selbst und alles, was in diesem natürlichen Selbst eingeschlossen ist, akzeptieren; und das schließt alles ein, was sich erfahren und wahrnehmen läßt. Wenn Sie es akzeptiert haben, können Sie es auch bejahen!

In einer Hinsicht ist jedoch Vorsicht geboten. Der Zen-Autofahrer ist seinem Wesen nach jemand, der bereit ist, alles, was er erlebt, zu bejahen, aber das Autofahren an sich läßt sich nicht bejahen. Wenn Sie die Initiative ergriffen haben und bereit sind, die Meditation in der Bewegung zu praktizieren, werden Sie automatisch bereit sein, alles, was Ihnen begegnet, zu bejahen. Diese Bereitschaft ist eine ganz bestimmte innere Haltung ohne alle mentalen Konstruktionen oder mentalen Verpflichtungen. Suzuki sagt: »Eine Bejahung ist nur dann Zen, wenn sie an sich eine Handlung darstellt und sich nicht auf irgend etwas bezieht, das bejaht wird.« Mit anderen Worten, etwas zu bejahen bedeutet nicht, daß das Ego etwas will oder daß wir eine bestimmte Begabung oder Fähigkeit in einer Tätigkeit zum Ausdruck bringen wollen. Bei der Bejahung gibt es kein »Ich will«. Das Bejahen ist etwas, das völlig unabhängig von allem anderen nur *geschieht.* Wenn Ihnen also irgend jemand aus Unachtsamkeit in die Quere kommt, dann weichen Sie ihm automatisch aus. Sie sagen nicht: »Schau dir doch diesen Idioten an, der sich mir vor den Kühler gesetzt hat! Jetzt muß ich wohl die Fahrbahn wechseln; also los!« Bevor Sie diesen Gedanken zu Ende gedacht haben, ist Ihr Kotflügel schon verbeult. Kein Zen-Meister würde jemals sich selbst oder einem anderen sagen, er müsse alles, was ihm begegnet, bejahen, denn damit würde er nur eine mentale Konstruktion erzeugen. Sie können nicht einfach aus Ihrer Garage fahren und sagen: »Jetzt werde ich ein Zen-Autofahrer sein! Ich nehme mir vor, auf dieser Fahrt keinen einzigen Fehler mehr zu machen!« Denn sobald Sie mit Ihrer Meditation in der Bewegung beginnen, wird sich Ihr von Ihrem Willen beeinflußtes »Ich« auflösen und dem wunderbaren *Nicht-Selbst* des *Nichthandelns* Platz machen. Wenn wir diesen Zustand näher betrachten, dann ist die Meditation in der Bewegung der Schuhlöffel, der es uns ermöglicht, in die Zen-Methode hineinzuschlüpfen, die »nicht gelehrt werden kann; sie muß praktiziert werden«.

Nach allem, was Sie bis jetzt gelesen haben, werden Sie erkennen, daß Sie eine positive Haltung einnehmen müssen, wenn Sie ein Zen-Autofahrer werden wollen. Die bejahende Haltung ist die Kraft, die aus Achtsamkeit und Erfahrung gewonnen wird und Ihnen die praktische Anwendung Ihrer Fähigkeiten ermöglicht. Es ist die im Handeln zum Ausdruck kommende Energie, die dafür sorgt, daß sich unsere Fähigkeiten entfalten und daß sich unsere Leistungen verbessern.

Das Bejahen ist zugleich Ausdruck des Vertrauens. Mit dieser Haltung realisieren wir unsere Fähigkeiten als potentielle Zen-Autofahrer. Wir beweisen damit, daß wir in jeder Situation das Richtige tun können. Wir bewähren uns als Kapitäne unseres eigenen Schiffs.

Was ermöglicht den reibungslosen Ablauf?

Die positive Haltung bewirkt auch, daß der Verkehr – das aus Straße, Wagen und Fahrer bestehende System – reibungslos funktioniert. Wenn Sie zum Beispiel mitten auf einer Straßenkreuzung auf einen streikenden Wagen stoßen, was sollten Sie nach Auffassung der Verkehrsexperten tun? Neun von zehn Fahrern würden sagen, sie müßten hinter dem stehengebliebenen Wagen anhalten. Aber um ein Verkehrschaos zu vermeiden, ist es besser, ohne viel darüber nachzudenken, dem Impuls des Selbst zu folgen und den Wagen zu umfahren.

Ein Rätsel für den Zen-Fahrer: Wie lange halten

Autofahrer vor einer roten Verkehrsampel, die nicht mehr automatisch umschaltet?

Das Schlimme ist, daß wir oft unserem natürlichen Selbst nicht vertrauen oder, was noch schlimmer ist, nicht an seine Existenz glauben. Deshalb findet es in unseren Gesetzen keine Berücksichtigung, ja seine Existenz wird nicht einmal anerkannt. Aber es gibt gelegentlich gefährliche Situationen, in denen wir uns automatisch auf dieses Selbst verlassen müssen. Jener spontane Drang, etwas zu unternehmen, muß da sein, wenn wir seiner bedürfen. Dem natürlichen Selbst zu vertrauen bedeutet, es zu bejahen. Durch die Meditation in der Bewegung werden wir schließlich lernen, die Kräfte, die in unserer Fähigkeit, ja zu sagen, liegen, auch in den Alltagssituationen des Straßenverkehrs einzusetzen.

Das natürliche Selbst und die Kontrolle von außen

Das Ja-Sagen ist eine natürliche Form der Achtsamkeit. Leider richtet sich unsere Achtsamkeit zu oft auf die Sorge, ob wir vielleicht von einem Verkehrspolizisten beobachtet werden oder nicht. Anstatt unser Verhalten von unserer Achtsamkeit und der Bestätigung unseres natürlichen Selbst bestimmen zu lassen, richten wir uns zu oft nach anderen Einflüssen.

Wir täuschen uns, wenn wir glauben, die Harmonie auf unseren Straßen werde durch äußere Kräfte oder Verkehrszeichen, Ampeln, Linien und Gesetze garantiert. Wir verlassen uns auf diese äußeren Kontrollen, und wenn wir in eine außergewöhnliche Situation geraten – eine Verkehrsampel versagt oder ein anderer Verkehrsteilnehmer nimmt uns die Vorfahrt –, verlieren wir oft die Orientierung. Verkehrsexperten unterscheiden zwischen Fahrern, die einen »äußeren«, und solchen, die einen »inneren« Kontrollpunkt haben. Aus ihren Untersuchungen geht hervor, daß die letzteren, die selbständiger handeln, bestimmte Vorgänge in ihrer Umgebung rascher wahrnehmen; mit anderen Worten, sie haben ein besseres Wahrnehmungsvermögen. Statistisch sind sie daher auch die besseren und sichereren Autofahrer.

In Wirklichkeit beginnt die Harmonie stets beim Individuum, bei dem integrierten, »ungeteilten« einzelnen, der, wie Fritz Perls sagt, weiß, daß »die einzige Kontrolle die Situation ist«. Das ist in der Tat das einzige Gesetz, dem wir hier folgen müssen. Es ist das Denken, das hinter der noch so verkehrsgerecht gebauten Straße steht. Es ist ein verbreiteter Irrtum, daß Einrichtungen wie Verkehrsampeln Sicherheitseinrichtungen sind, die dem Fahrer unbedingt zu befolgende Anweisungen geben. In Wirklichkeit betrachten die Straßenbauingenieure diese Einrichtungen in erster Linie als Hilfsmittel zur Gewährleistung eines geregelten Verkehrsablaufs. Alle Straßen, ob in der Stadt, auf dem Land oder die Autobahnen, sollen so angelegt sein, daß sie den Verkehrsfluß fördern. Die Verkehrssicherheit ist ein »Nebenprodukt«, das man gleichzeitig zu erreichen hofft. Und die letzte Verantwortung für die Verkehrssicherheit trägt *immer* der einzelne.

Der Dekan der Fakultät für Transport- und Verkehrswesen an der Universität von Kalifornien in Berkeley, William Garrison, hat sich in einem Gespräch mit mir wie folgt zu dieser Frage geäußert: »Nehmen wir an, jeder Autofahrer richtete sich streng nach den geltenden Vorschriften, hielte an jedem Stoppzeichen an und folgte dem vor ihm fahrenden Wagen in einem Abstand von zwei Sekunden – dann würde das zu einem Verkehrschaos führen. Es würde überall zu Stauungen kommen... Zwar ist das Straßennetz ein nach bestimmten Regeln errichtetes System, aber es gibt ein kollektives Übereinkommen zum praktischen Verhalten im Straßenverkehr.«

Professor Garrison meint, dieses »kollektive Übereinkommen« zwischen den einzelnen Fahrern sei das Ergebnis eines »beachtlichen sozialen Lernprozesses, bei dem die einzelnen Verkehrsteilnehmer und die Gesellschaft als Ganzes gelernt haben, ihre Fahrzeuge sicher zu handhaben.« Er mußte jedoch zugeben, daß er nicht sagen könne, wie es dazu gekommen sei.

Es mag überraschend sein, daß ein nach streng wissenschaftlichen Regeln arbeitender Akademiker bekennt, es gebe einen unerklärlichen Faktor, dem wir das harmonische Zusammenwirken aller

Verkehrsteilnehmer auf unseren Straßen zu verdanken haben. Doch wie viele andere Transport- und Verkehrsexperten klingt Professor Garrison ein wenig wie ein Zen-Lehrer, wenn er die Auffassung vertritt, von außen aufgestellte Regeln und Systeme müßten in die Praxis umgesetzt und von dem einzelnen – dem natürlichen Selbst – übernommen und verwirklicht werden. Der Zen-Meister Hui-neng schreibt: »Wenn der Mensch sich an äußere Formen klammert, ist sein Geist im Inneren gestört... diejenigen, die die Existenz einer objektiven Welt anerkennen und deren Geist dennoch ungestört bleibt, befinden sich im Zustand des wahren Dhyana (der Meditation).«

Kein Denken, keine Form

Wir wissen, daß wir den Zustand der wahren Meditation erreicht haben, wenn es *kein* Denken und *keine* Form mehr gibt. Wenn Sie den Motor Ihres Wagens starten und sich in das Eine zurückziehen, dann *sehen* Sie die Welt von einem *klaren* Standpunkt des Nichthandelns aus, wo es keine Befürchtungen, keine selbst geschaffenen Vorstellungen, keine die Wahrnehmung beeinflussenden Vorurteile, keine starren Muster und keine verzerrenden Filter mehr gibt. Das Denken ist ausgeschaltet. Von diesem, durch keinen Nebel verschleierten meditativen Ort aus wird alles, was Ihnen begegnet, neu und in jedem Augenblick von neuem erschaffen.

Und während diese von Ihnen erfahrenen Augenblicke zeitlich vor Ihnen ablaufen, weitet sich Ihre Handlungsfähigkeit bis zu dem Punkt aus, an dem die disziplinierte Form der Meditation in der Bewegung nicht mehr gebraucht wird. Es gibt keine Form mehr. Das Akzeptieren, das Bejahen, die Achtsamkeit und das Erfahren verschmelzen miteinander zu einer Wirklichkeit. Das Selbst-Bewußtsein fällt von Ihnen ab wie das Federkleid eines Vogels bei der ersten Mauser, und Sie meditieren, ob Sie sich nun dessen bewußt sind oder nicht.

Plötzlich sind Sie wieder dort, wo Sie schon vorher gewesen sind; hier in Ihrem Wagen als Teil Ihrer Umwelt mit konzentrierter Aufmerksamkeit. Sie fahren Ihren Wagen und nicht Ihre Gedanken.

Während Sie nun durch die Straßen in Ihrer Nachbarschaft steuern, sehen Sie bekannte und manchmal auch überraschende Einzelheiten, die bestimmte Eindrücke, Erinnerungen und Assoziationen wecken. Sie sind sich dieser Bilder, Gedanken und Gefühle bewußt. Sie nehmen sie, ohne sie zu kritisieren oder sie zu beurteilen, wahr und lassen sie dann wieder hinter sich, um Ihre Aufmerksamkeit dem Fahren zuzuwenden. Es gibt kein Denken, keine Gedanken und keine Formen. »Es gibt weder das Selbst, das hier sitzt, noch die Erde, auf der es sitzt.« – Shibayama.

Sie fahren im Zustand des *Samadhi* durch die Ihnen bekannten Straßen. Sie kommen an die Zufahrt zur Fernverkehrsstraße und ordnen sich in den Verkehr ein, der jetzt sehr dicht ist.

Sie wechseln die Fahrspur, bis Sie das Gefühl haben, am besten voranzukommen. Sie werden Teil einer riesigen Schlange, die als *ein* Organismus über die Straße gleitet. Sie warten auf die richtige Ausfahrt und beobachten dabei alles, was um Sie herum geschieht. Sie sind ein integrierter Bestandteil des Verkehrsflusses und bereit, sich daraus zu lösen. Sie fühlen sich wohl. Sie spüren jede Bewegung Ihres Wagens und erleben sich selbst, wie Sie entspannt und gelassen am Lenkrad sitzen, den Fuß auf dem Gaspedal. Ihre Geschwindigkeit haben Sie dem restlichen Verkehr angepaßt. Keine Bilder, Gedanken oder Meinungen können Sie stören. Sie sind eins mit Ihrer Umgebung und eins mit sich selbst. Sie sind eins mit der Schlange auf der Straße, eins mit dem Lastwagen, dem Sie folgen, eins mit dem Fahrer in dem Auto rechts neben Ihnen, der plötzlich die Fahrbahn wechselt und Sie zwingt, das Tempo zu verlangsamen!

Und Sie sind eins mit dem Ärger, der in Ihnen aufzusteigen beginnt. Sie sind eins mit dem Impuls, der Sie veranlassen will, auf die Hupe zu drücken und diesem Fahrer zu zeigen, daß Sie sich über ihn geärgert haben! Aber es gelingt Ihnen, sich zu beherrschen. Sie lassen Ihren Ärger vorübergehen, ohne sich daran festzuhalten, und passen sich wieder Ihrer Umgebung an. Sie fahren weiter, bis die Verkehrsdichte nachläßt. Sie verlassen die Hauptstraße und biegen in eine unbekannte Straße ein, die schmaler wird und sich durch die Außenbezirke der Stadt schlängelt.

Sie stellen das Radio ein. Während sich die Landschaft vor Ihnen ausbreitet, grüne Felder und prächtige, schattenspendende Bäume, lauschen Sie der Musik des Zen-Autofahrers: Der Augenblick ist da, in dem Ihnen nichts mehr fehlt.

III. Kapitel

Der Anfänger

»Wenn man es mit der Tiefe der Erfahrung vergleicht, dann ist jedes Wissen oder Lernen nicht mehr als ein Tropfen Wasser, der in ein Tal gefallen ist.«

Tokusan Sengan

Zen-Fahrlehrer

Der Fahrschüler sitzt zum erstenmal am Lenkrad. Es ist ein junger Mensch, der an der großen Freiheit teilhaben will, sich in seinen Wagen setzen zu dürfen, um ein selbstgewähltes Ziel ansteuern zu können. Ungeduldig, ein wenig ängstlich, mit weit geöffneten Augen wartet der Fahrschüler auf die Anweisungen seines Lehrers. Zeigen Sie mir, wie man dieses Fahrzeug beherrscht, wie man es dazu bringt, daß es einem gehorcht.

Wenn Sie ein Zen-Fahrlehrer wären, was würden Sie Ihrem Fahrschüler sagen? Abgesehen vom technischen Teil der Unterweisungen, den wir zunächst einmal beiseite lassen wollen, hoffe ich, Sie werden aufgrund dessen, was Sie im vorigen Kapitel gelesen haben, *gar nichts* sagen. Das heißt, Sie werden dem Fahrschüler sagen, daß nichts von ihm erwartet wird und es keine Vergleichsnormen gibt. Er wird Sie vielleicht etwas mißtrauisch ansehen, wenn Sie ihm erzählen, daß es vor allem darauf ankommt, am Fahren Freude zu haben.

Vielleicht betrachten Sie dieses Buch ja auch ein wenig mißtrauisch, und möglicherweise fragen Sie sich, wie Sie jetzt auf einmal die Aufgaben eines Fahrlehrers übernehmen könnten. Wie können Sie einen anderen etwas lehren, das Sie gerade erst selbst gelernt haben? Die Antwort lautet: Sie können es nicht. Und im übrigen kann auch ich Ihnen nichts beibringen. Wie schon gesagt, kann ich nur Hinweise geben und Ihnen die Gelegenheit verschaffen, selbst etwas zu lernen. Im Zen gibt es keine scharfe Trennungslinie zwischen dem »Lehrer« und dem »Schüler«; wir alle arbeiten zusammen, damit wir, jeder für sich, etwas lernen können.

Das ist der Grundsatz, den ich in diesem Kapitel immer wieder betonen werde: Ich hoffe, meine Erfahrungen mit jungen Fahrern und solchen, die mit dem Autofahren »Probleme« hatten, werden für Sie als Fahrlehrer und als Fahrschüler einen gewissen Wert besitzen. Ich bin unbescheiden genug, um zu sagen, daß ich es gern erleben würde, wie die Grundsätze der Zen-Methode von unserer ganzen Gesellschaft akzeptiert und praktiziert werden, und dazu wäre es wahrscheinlich das beste, die Menschen schon von Jugend auf daran zu gewöhnen. Ein Fahrlehrer hat einmal gesagt: »Teenager stehen auf dem Höhepunkt ihrer Leistungsfähigkeit und haben ein ausgezeichnetes Reaktionsvermögen. Sie sind innerlich auf das Autofahren eingestellt, denn für sie symbolisiert es das endgültige Durchschneiden der Nabelschnur.« Ich selbst habe festgestellt, daß Teenager, die noch auf der Suche nach ihrer Identität und nicht an feste Vorstellungen und Vorurteile gebunden sind, die besten Voraussetzungen dafür bieten, sich beim Autofahren von ihrem natürlichen Selbst leiten zu lassen. Wir können aus den ersten Versuchen von Teenagern viel über das Zen-Autofahren lernen. Nicht zuletzt deshalb, weil das Autofahren für sie stets ein großes Vergnügen ist.

Und doch war es für mich irgendwie entmutigend, bei meiner Zusammenarbeit mit Teenagern und beim Lesen von Statistiken festzustellen, daß die Gesellschaft und unsere Gesetzgeber diese jungen Leute sehr negativ beurteilen. Man betrachtet sie als eine Gefahr für die Verkehrssicherheit, als leichtsinnige Gesetzesbrecher, die ständig überwacht und kontrolliert werden müssen. Da ich weiß, welche Freude die Teenager am Autofahren haben und wieviel ihnen die Freiheit bedeutet, die sie dabei empfinden, enttäuscht es mich, daß die Fahrausbildung in unseren Schulen so sehr vernachlässigt wird.

Stellen Sie sich vor, Sie wären ein Fahrlehrer und säßen auf dem Beifahrersitz neben Ihrem Fahrschüler. Beginnen Sie den Unterricht auf einem großen leeren Parkplatz. Zunächst sollten Sie dafür sorgen, daß Ihr Schüler alle Scheu verliert und sich wohl fühlt. Sagen Sie ihm, daß er seine Hände wie die Zeiger einer Uhr, die zehn Minuten vor zwei anzeigt, auf das Lenkrad legen, das Gas- und Bremspedal und den Blinkerhebel betätigen und die Position der Rückspiegel überprüfen soll. Geben Sie dem Anfänger das Gefühl, Teil des Wagens zu sein. Vor allem soll er Vertrauen gewinnen und sich entspannen. Sagen Sie ihm, es gäbe nichts, was er falsch machen könnte. Der Fahrschüler soll auch davon überzeugt sein, daß er bei diesen ersten Übungen nicht zu Schaden kommen kann. Vor allem muß er ein *Gefühl* für den Wagen bekommen, nichts weiter. Zeigen Sie ihm, wie der Motor angelassen und der Gang eingelegt wird. Lehnen Sie sich zurück, und sagen Sie: »Jetzt fahre einfach los.«

Diese Methode, die Fahrausbildung zu beginnen, hat sich schon seit langem bewährt. Eine interessante Studie zweier Forscher zeigt, daß Teenager, die ihre Fahrausbildung in freiem Gelände beginnen, später weniger Unfälle haben. Streifenpolizisten, Stuntmen und Rennfahrer üben ebenfalls im offenen Gelände. Hier sollen sie lernen, mit ihrem Wagen umzugehen, ohne fürchten zu müssen, daß sie selbst oder ihr Fahrzeug dabei zu Schaden kommen. Die Ausbildung im freien Gelände erlaubt dem Fahrer, Selbstvertrauen zu gewinnen, ohne dabei unter Druck zu stehen. Wenn der Fahrschüler seine Sorgen und Ängste überwunden hat, bekommt er ein Gefühl für seine natürlichen Fähigkeiten, die er dann praktisch anwenden kann, wenn er anfängt, auf der Straße zu fahren.

Judy

Judy ist eine dreißigjährige Heilgymnastin, die als Schülerin vor zwölf Jahren zum letztenmal einen Wagen gesteuert hat. Es ist früh am Morgen, und ich sitze mit ihr auf dem leeren Parkplatz eines Einkaufszentrums in meinem Wagen. Wir haben den Motor gestartet, und Judy erzählt mir, daß sie vor zwölf Jahren die Fahrprüfung nicht bestanden hat. Seitdem leidet sie unter einer unüberwindlichen Angst vor dem Autofahren. Ich höre ihr geduldig zu und sage ihr dann, sie müsse das, was wir jetzt unternähmen, als ein Spiel auffassen. Ich sage: »Wir wollen Spaß daran haben. Achten Sie genau darauf, was Sie jetzt empfinden. Freuen Sie sich daran – und wir werden sofort anhalten, wenn Sie es sagen.« Danach fangen wir trotz aller Hemmungen und Ängste an, den großen Parkplatz zu erkunden.

Judy legt den Gang ein und läßt den Wagen wenige Meter weit rollen, hält dann an und wiederholt das Manöver einige Male. Dann fängt sie an, den ganzen Parkplatz zu umkreisen, wendet den Wagen, hält wieder an und beginnt allmählich, das Tempo zu steigern. Ich ermutige sie nur hin und wieder, sage »gut« oder »Tun Sie alles, was Sie wollen«. Schon bald zeigt es sich, daß ihr das Fahren Spaß macht.

Ich frage sie, ob sie nicht Lust hätte, etwas Neues zu probieren, ein kleines Abenteuer. Bei mäßiger Geschwindigkeit lasse ich sie plötzlich mit aller Kraft auf das Bremspedal treten – damit sie das Gefühl dafür bekommt und weiß, welche Möglichkeiten sie hat. Bei etwa gleicher Geschwindigkeit, die nicht erhöht wird, weil ich vermeiden will, daß der Wagen ins Schleudern gerät, lasse ich sie das Lenkrad scharf nach rechts einschlagen. Es folgt das gleiche Manöver nach links. So gewinnt sie allmählich ein Gefühl für den Wagen, und das alles geschieht im Rahmen oder ein wenig über die Grenzen ihrer Leistungsfähigkeit hinaus. Und mit dieser neu gewonnenen Erfahrung lasse ich Judy während der letzten fünfzehn Minuten unserer Fahrstunde den auf den Parkplatz markierten Fahrspuren folgen. Vor Beginn der Stunde habe ich einige Plastikzylinder aufgestellt, und nun fordere ich sie auf, diese Zylinder möglichst eng zu umfahren, ohne zu erschrecken, wenn sie dabei einige von ihnen umstößt.

Bei unserer zweiten Autofahrt ist Judy schon richtig begeistert. Nach der dritten Fahrstunde wagen wir uns zum erstenmal auf die Straßen in ihrem Wohnbezirk, und obwohl Judy etwas zaghaft und zu vorsichtig an diese Aufgabe herangeht – was durchaus in Ordnung ist! –, sagt sie, sie habe ihre Furcht vor dem Fahren verloren. In der vierten Stunde spricht sie die ganze Zeit davon, daß sie sich einen Wagen kaufen will.

Aber was soll das für ein Wagen sein?

Die Werbung der Automobilfirmen preist in letzter Zeit besonders leistungsfähige Wagen an. Das ist für Judy kein Problem. Diese Firmen und ihre Werbefachleute verkaufen in der Tat grenzenlose Begeisterung – Begeisterung für das Autofahren und reine Lebensfreude. Die Autos rasen in den Werbespots mit halsbrecherischer Geschwindigkeit über Serpentinen der Gebirgsstraßen, weichen jedem Hindernis aus und überholen alle langsameren Konkurrenten. Geschwindigkeit, Wendigkeit und eine hervorragende Straßenlage, das sind die Vorzüge der neuen Automobile. Was vermarktet wird, ist Zuverlässigkeit und das Gefühl, einen leistungsstarken Wagen zu fahren. Und wenn das alles ein wenig nach Zen klingt, dann ist das durchaus richtig. Sie spüren tatsächlich, was Sie als Autofahrer leisten können.

Vorsicht vor menschlichen Schwächen

Und doch ist es gerade dieser Aspekt des Autofahrens, der den Fachleuten Sorgen bereitet. Einer von ihnen bemerkt dazu: »Je mehr der Fahrer lernt, seinen Wagen zu beherrschen, desto schwerer fällt es ihm, der Versuchung zu widerstehen, alles in die Praxis umzusetzen, was sein Fahrzeug und sein Können am Lenkrad ihm erlauben.« Und damit erhöht sich natürlich auch die Unfallgefahr. Schließlich sind die Fahrer menschliche Wesen – und man kann ihnen nicht hundertprozentig trauen. Vor Fahrschulen, bei denen man riskante Ausweichmanöver lernt, kann ich nur warnen. Es ist zu riskant, Menschen mit solchen Fähigkeiten auf den normalen Straßenverkehr loszulassen. Die Leute sollten *nicht* wissen, wie es ist, wenn der Wagen ins Schleudern gerät, wie man ein Fahrzeug bei hoher Geschwindigkeit wendet oder Slalom durch Plastikkegel fährt.

Jungen Menschen alles beizubringen, was man mit einem Auto anstellen kann, birgt natürlich Gefahren in sich.

Anders als der vorsichtige und mit Recht ängstliche Erwachsene wie Judy kommt der begeisterungsfähige Jugendliche mit ganz anderen Erwartungen zu seinem Fahrlehrer. Teenager sind leicht erregbar, lassen sich schwer im Zaum halten und sind begierig darauf, Risiken einzugehen. Sie, als Fahrlehrer, haben alle Hände voll zu tun, wenn Sie einen jungen Menschen unterrichten. Leider wird an den Schulen das Verhalten im Straßenverkehr noch nicht ausreichend gelehrt. Die meisten jungen Menschen, die einen Fahrkurs machen, haben also noch keine Ahnung, was es bedeutet, sich in einen Wagen zu setzen und sich dem allgemeinen Verkehrsstrom anzupassen.

Aber woran liegt es, daß man noch nicht für eine angemessene Fahrausbildung Jugendlicher gesorgt hat?

Es mag Fachleute geben, die behaupten, daß das Erlernen einer praktischen Fertigkeit wie des Fahrens eines Kraftfahrzeugs nicht in den Lehrplan einer Oberschule paßt. Ein solcher Lehrplan enthält normalerweise nur akademische Fächer und Sport, wo sich die Leistungen des Schülers nach ganz bestimmten Kriterien messen und beurteilen lassen. Doch hier wird der einzelne nur als Individuum nach standardisierten Maßstäben beurteilt, die nach Auffassung der verantwortlichen Behörden Aufschluß darüber geben, ob er in der Lage ist, seine Aufgaben als nützliches Mitglied der Gesellschaft zu erfüllen.

Viele Fachleute weisen darauf hin, daß junge Menschen zu selbstsicher, zu risikofreudig und gegenüber der Möglichkeit, selbst bei einem Unfall ums Leben zu kommen, zu gleichgültig seien. Außerdem sei nach der Statistik die Wahrscheinlichkeit, in einen Unfall verwickelt zu werden, für einen Jugendlichen viermal so groß wie für einen Erwachsenen.

Gemeinsame Ausfahrten

Die Mitarbeit des Vaters oder der Mutter an der Verkehrserziehung ihrer Kinder wird wesentlich dazu beitragen, die natürliche Begabung und die Leistungen der jungen Leute auf diesem Gebiet zu fördern. Die Eltern sind auch am besten geeignet, das Verantwortungsbewußtsein ihrer Kinder als Mitglieder der menschlichen Gesellschaft zu schärfen.

Beim Autofahren nach der Zen-Methode soll sich der Fahrer der Tatsache bewußt werden, daß er Teil eines Ganzen ist. Denn in Wirklichkeit sind wir in keiner Weise von unserer Umwelt isoliert und sind es auch nie gewesen. Es besteht eine ständige Verbindung zwischen jedem einzelnen und allem, was existiert.

Aber jungen Menschen fällt es oft schwer, das einzusehen. Auch im Verlauf ihrer Entwicklung kommen sie angeblich nicht ohne weiteres zu dieser Einsicht. Das behaupten wenigstens einige moderne Psychologen. In seiner Reifezeit ist der Jugendliche erheblichen Belastungen ausgesetzt. In diesem Lebensabschnitt kommt es immer wieder zu kritischen Auseinandersetzungen des Jugendlichen mit seiner Umwelt, in deren Verlauf jeder einzelne seine Identität finden muß. Diese Tatsache darf man nicht aus dem Auge verlieren, wenn man einem solchen dickköpfigen und trotzigen jungen Fahrschüler das Autofahren beibringen will. Natürlich ist die Haltung des Fahrlehrers entscheidend für den Erfolg des Unternehmens. So sollte man sich zum Beispiel nicht als absolute Autorität darstellen, sondern ruhig zugeben, daß man niemandem das Fahren beibringen, sondern dem jungen Menschen nur die Möglichkeit bieten kann, selbst Kenntnisse zu erwerben.

Es kommt darauf an, daß die jungen Menschen ihre natürlichen Fähigkeiten ungehindert in dem ihnen gemäßen Tempo und der ihren Anlagen entsprechenden Art entfalten. Bei einem jungen Fahrschüler fördert das nicht nur die Achtsamkeit, sondern es erlaubt ihm, die Erfahrungen zu machen, die notwendig sind, um ein sicherer, tüchtiger und glücklicher Fahrer zu werden. Sie verschaffen Ihrem Schüler auch den Raum, innerhalb dessen er zu seiner Identität finden kann. Jeder junge Mensch möchte einen ganz persönlichen Fahrstil entwikkeln und nicht die Kopie seines Lehrers sein. Sie müssen dem jungen Menschen im Grunde nur die beiden Hauptgrundsätze der Zen-Methode vermitteln, und damit erreichen Sie, daß er alles, was um ihn vorgeht, mit wachen Sinnen aufnimmt. Das Autofahren ist kein Test. Es hat nichts mit Moral zu tun, und es gibt kein Richtig oder Falsch. Der Fahrschüler ist weder ein Dummkopf noch ein Genie.

Der Jugendliche ist dabei, sich in ein größeres soziales Netz einzuordnen. Die Fahrschule wird zu einem Initiationsritus, zu einem sehr realen und wichtigen Ritual, das die Aufnahme des jungen Menschen in die Welt der Erwachsenen symbolisiert. Und wenn Sie als Fahrlehrer die Zen-Methode des Nichteingreifens praktizieren, wird dieser Übergang sehr viel leichter und weniger schmerzlich sein.

Sylvia

Noch heute erinnere ich mich gern an meine Arbeit mit der achtzehnjährigen Sylvia, denn für sie waren die Fahrstunden zwar auch eine Einführung in die Erwachsenenwelt, aber nicht unbedingt der Beginn einer schon lange sehnsüchtig erwarteten Unabhängigkeit, die in unserem Land für viele eine so große Bedeutung hat. Sylvia und ihre Eltern sind vor vier Jahren aus einem anderen Land nach Amerika gekommen, und in ihrer Heimat gilt die Gemeinschaft mehr als der einzelne. Sylvia ist sehr musikalisch und spielt Klavier, und sie ist sehr schüchtern. Sie hat auf dem Gymnasium an einem Fahrkurs teilgenommen und ihre Fahrprüfung bestanden. Es fällt ihr aber trotzdem schwer, sich am Lenkrad eines Wagens zurechtzufinden. Es fehlt ihr offenbar an dem notwendigen Selbstvertrauen. Ich bin mit ihren Eltern befreundet, die mir eines Abends sagten, der Mangel an Selbstvertrauen bereite Sylvia große Schwierigkeiten, wenn sie sich ans Lenkrad ihres Wagens setze. Sie kannten meine Zen-Methode und meine »Experimente mit dem Autofahren«, wie Sylvias Vater das nannte. So fragten sie, ob ich bereit sei, Sylvia zu helfen. Natürlich wußten sie, daß ich ihre Bitte nicht abschlagen würde.

Ebenso wie mit Judy fuhr ich mit Sylvia zunächst auf einen leeren Parkplatz, obwohl sie die Technik des Fahrens schon beherrschte. Sie war sogar schon eine erstaunlich umsichtige und sichere junge Fahrerin. Ich baute mit einigen Plastikzylindern einen Hinderniskurs auf, ließ sie die Strecke in dem für sie normalen Tempo fahren und stoppte die Zeit mit einer Stoppuhr. Dann machte ich ein Spiel daraus und sagte ihr, sie solle immer wieder die gleiche Strecke fahren und dabei versuchen, jedesmal schneller zu sein als beim letztenmal. Doch beim vierten und fünften Versuch blieb es bei etwa der gleichen Zeit wie beim dritten. Ihre Ängstlichkeit diktierte ihr Verhalten, und deshalb konnte sie nicht schneller fahren. »Das ist ausgezeichnet«, sagte ich ihr. »Du hast schon große Fortschritte gemacht und gezeigt, daß du dir jetzt schon mehr zutraust als am Anfang, denn du hast es beim zweiten- und drittenmal gewagt, die Geschwindigkeit zu erhöhen. Jetzt werden wir versuchen, diese Selbstsicherheit auch im Straßenverkehr zu erreichen.«

Mir kommt es vor allem darauf an, daß Sylvia ihre Fähigkeiten selbst entdeckt. Ich weiß, daß sie in der Lage ist, im Straßenverkehr mehr Initiative zu entwickeln, aber wenn ich es von ihr verlange, stelle ich nur eine Regel auf, die sie befolgen wird, um mir eine Freude zu machen, die sie jedoch vergessen oder vermeiden wird, sobald sie auf sich selbst gestellt ist. Als ich sie mit höherer Geschwindigkeit über den mit den Kunststoffkegeln abgesteckten Kurs fahren ließ, konnte sie selbst erleben, daß sie schneller fahren kann, als sie geglaubt hatte, aber im Straßenverkehr wird es ihr nicht so leicht fallen, das gleiche Selbstvertrauen zu beweisen. Das liegt daran, daß sie ein so gewissenhafter, sensibler Mensch ist. Sie ist ganz einfach zu rücksichtsvoll. Wenn sie zum Beispiel an ein Stoppschild an einer Straßenkreuzung kommt, wird sie jedem anderen Fahrer die Vorfahrt einräumen. Manchmal lächelt sie diesen anderen Fahrern sogar zu und winkt sie vorbei. Wenn sie bei grünem Licht an einer Kreuzung nach links abbiegen will, ärgert Sylvia jedesmal die nachkommenden Fahrer damit, daß sie mit dem Abbiegen so lange wartet, bis im Gegenverkehr eine riesige Lücke entstanden ist. Ich sage ihr: »Du bist zwar eine ausgezeichnete Fahrerin, aber du solltest dir vielleicht einen Fahrstil angewöhnen, der mehr dem Großstadtverkehr angepaßt ist.«

An einem Tag, an dem Sylvia zur Klavierstunde pünktlich um fünf Uhr nachmittags zu Hause sein mußte, überlistete ich sie, um sie zu veranlassen, ihre Bedenken zu vergessen und sich etwas mutiger in den Verkehr zu wagen. Die Fahrstunde begann um drei Uhr dreißig, und wir fuhren von der Stadtmitte aus auf Umwegen bis in die Wohnbezirke am Stadtrand. Nach etwa fünfundvierzig Minuten fing Sylvia an, mich immer wieder nach der Uhrzeit zu fragen, weil sie fürchtete, nicht mehr rechtzeitig nach Hause zu kommen. Ich sagte ihr immer wieder, sie brauche sich keine Sorgen zu machen, wir hätten noch reichlich Zeit. Inzwischen war es vier Uhr dreißig geworden, und ich wußte, daß wir uns beeilen mußten, wenn wir pünktlich sein wollten. Ich sagte ihr, ich hätte übersehen, daß es schon so spät sei, und deshalb müsse sie jetzt etwas schneller fahren. In ihrer Aufregung bat sie mich, ich sollte sie nach Hause fahren, aber ich lehnte das ab und versicherte ihr, daß sie es auch selbst schaffen könnte.

Auf der Fahrt durch die Stadt entschuldigte ich mich nur dafür, daß ich ihr nicht rechtzeitig Bescheid gesagt hatte, ließ sie aber im übrigen ihre Entscheidungen allein treffen. Und tatsächlich zeigte Sylvia mehr Eigeninitiative als bei unseren bisherigen Fahrten. Ich hätte am liebsten Beifall geklatscht, beherrschte mich aber, bis wir mit einer Verspätung von zehn Minuten vor ihrem Haus angekommen waren. Ich sagte: »Du kannst jetzt im Straßenverkehr ebenso sicher fahren wie auf dem Parkplatz, wo du auf der Hindernisstrecke zwischen den Plastikkegeln die Geschwindigkeit erhöht hast. Ich wollte nur, daß du dir dessen selbst bewußt wirst. Und außerdem bist du ebenso sicher gefahren wie vorher und auch sehr viel flüssiger.« Sie hatte sich aber doch etwas über mich geärgert und quittierte meine Worte nur mit einem kurzen »Vielen Dank«, bevor sie zur Haustür lief.

Ich halte es im allgemeinen nicht für richtig, einen Fahrschüler einer Streßsituation auszusetzen, aber für Sylvia war die Erfahrung, die sie an diesem Tag machte, sicher wertvoll. Ich hoffte, sie würde künftig ihr natürliches Selbstbewußtsein mit ihrem bereits hervorragend entwickelten Gemeinschaftssinn und ihrer rücksichtsvollen, höflichen Art verbinden können. Wenn das eintritt, wird Sylvia vielleicht – ohne selbst viel darüber nachzudenken – die beste Zen-Autofahrerin von uns allen werden.

Jon

Wir wollen jetzt das Tempo wechseln und an die Verhältnisse in großen Städten denken. Hier sind die Menschen mehr als anderswo auf das Automobil angewiesen, und das Erwachsenwerden bedeutet nicht, daß der junge Mensch plötzlich das Gefühl hat, es seien ihm Flügel gewachsen, sondern anstelle der Flügel verfügt er jetzt über vier Räder. Und hier gedeiht eine besondere Art junger Fahrer, deren Furchtlosigkeit und Verwegenheit geradezu legendär sind. Sie verwenden viel Zeit und Energie darauf, die Leistungsfähigkeit ihrer Fahrzeuge bis an die äußersten Grenzen zu testen. Das Auto soll sich vor allem als leistungsfähiges Fahrzeug auf der Straße bewähren. Dazu muß es gefahren werden, und zwar so schnell und waghalsig wie möglich. So veranstalten diese jungen Leute Straßenrennen und nächtliche Ausfahrten ins Gelände, bei denen sie ihre Wagen nicht selten zu Schrott fahren, oder sie rasen einfach kreuz und quer durch die Straßen der Stadt. Sie lernen dabei natürlich im Lauf der Zeit, ihr Fahrzeug zu beherrschen, jedenfalls diejenigen unter ihnen, die diese Abenteuer überleben.

Jon, mit dem ich zwei Ausfahrten unternommen habe, ist neunzehn Jahre alt. Sich neben ihn auf den Beifahrersitz zu setzen, war eine besondere Herausforderung für mich. Er konnte bereits auf eine einjährige Fahrpraxis zurückblicken. Während dieser Zeit hatte ihn die Polizei mehrmals wegen erheblicher Überschreitung der Höchstgeschwindigkeit angehalten.

Bei unserer ersten gemeinsamen Ausfahrt sitzt er arrogant und mit beleidigtem Gesicht am Lenkrad, denn er weiß ebensogut wie ich, daß er im praktischen Fahren eigentlich nichts mehr lernen kann. Er ist hellwach, und seine Sinne sind so fein auf den

Verkehr abgestimmt wie der Motor seines Sportwagens, den er, wenn ihm das Warten an einer Kreuzung zu lange dauert, aufheulen läßt, um seiner Ungeduld Ausdruck zu verleihen. Er reagiert schnell und sicher, und er weiß auch, daß er nicht hier neben mir sitzen würde, wenn sein Vater es nicht verlangt hätte.

Während wir durch die Straßen des Wohngebiets am Stadtrand fahren, zeigt sich sehr bald, daß Jon zwar ein guter Fahrer, aber auch außerordentlich eingebildet ist. Er fährt wie ein Tiger, der auf Beute lauernd durch den Dschungel streift. Für die anderen Fahrer hat er nur ein böses Knurren übrig. Es ist erfreulich festzustellen, daß es ihm nicht an Selbstbewußtsein fehlt. Es wäre aber besser, sicherer und auch nützlicher für ihn selbst, wenn er mehr Verständnis für die anderen Verkehrsteilnehmer aufbringen könnte. Ich frage ihn, wie er sich fühlt, und er sagt, wenn er »an Bord« sei, könne ihm niemand etwas anhaben; er habe es nicht nötig, sich um die anderen Leute zu kümmern. Dann überlegt er kurz und sagt, das wichtigste sei für ihn, daß man ihn respektiert. Ich nicke und frage ihn, ob er bereit sei, während des Fahrens den Versuch zu machen, die anderen Fahrer ebenso zu respektieren, wie er selbst zu respektiert werden glaubt. Da er sich entspannt fühle und sich keine Sorgen zu machen brauche, könne er doch so fahren, als würde niemand einschließlich seiner Eltern, seines Arbeitgebers oder anderer Respektpersonen ihn stören oder behindern. Ich fordere ihn auf: »Tun Sie so, als seien Sie wirklich so sorglos, frei und ungehindert, wie Sie es behaupten. Wie wirkt sich das auf Ihre Einstellung zu den anderen Fahrern aus?« Jon sieht mich mißtrauisch an, als wollte er sagen: »Der Kerl ist verrückt«, und fährt weiter. Ab und zu frage ich ihn: »Tun Sie, was ich Ihnen gesagt habe?« Jon lächelt nur. »Sicher, sicher tue ich das. Sehen Sie mich an. Ich tue es.« Er fängt an zu lachen. »Ich weiß nicht, was, zum Teufel, ich tun soll, aber ich nehme an, ich tue es.« Und wieder schüttelt er sich vor Lachen.

Während wir weiterfahren, habe ich den Eindruck, daß Jon sich allmählich entspannt. Dabei wird er aufmerksamer und fährt flüssiger.

Als ich zum zweitenmal mit Jon unterwegs bin, scheint ihm die gemeinsame Ausfahrt etwas mehr Freude zu bereiten. Er ist längst nicht mehr so aggressiv und stärker seiner Umwelt und damit auch den anderen Verkehrsteilnehmern zugewendet. Ich glaube, das liegt daran, daß ich ihn gebeten habe, die ganze Angelegenheit nicht zu ernst zu nehmen, auch an die anderen Fahrer zu denken und etwas mehr *Verständnis* für sie zu haben. »Im Straßenverkehr geht es nicht darum, wer überleben wird, du oder ich«, erkläre ich ihm. »Selbst bei den Autorennen der Berufsfahrer wird der Gewinner niemals darauf verzichten, sich auf seine Konkurrenten einzustellen. Wenn man den Straßenverkehr als ein organisches Ganzes begreift und nicht als eine Reihe voneinander getrennter Einzelerscheinungen, dann wird das Fahren zu einem viel intensiveren und aufregenderen Erlebnis. Das meine ich, wenn ich vom Respektieren spreche. Man soll das ganze Bild respektieren, alles, was um einen her geschieht; die Menschen, die Wagen und die Straße. Diese Art Respekt führt Sie auf eine Schiene, auf der Sie zu einem noch besseren Fahrer werden.«

»Das klingt eigentlich ganz vernünftig«, sagt Jon, und ich habe das Gefühl, er meint es fast aufrichtig. »Aber wenn Sie mit meinem Vater sprechen, erwähnen Sie bitte das Rennfahren mit keinem Wort.«

Harry und Susan

Bis hierher habe ich vor allem davon gesprochen, daß wir uns beim Autofahren um eine erhöhte Achtsamkeit, um das bewußte Erfahren unserer Umwelt und darum bemühen sollen, in jedem Augenblick harmonisch auf das zu reagieren, was um uns herum geschieht, das heißt aber nicht, daß wir das Zen-Autofahren nur praktizieren sollen, wenn wir allein im Wagen sitzen. Natürlich können Sie auch ein Zen-Autofahrer sein, wenn Sie Beifahrer haben, solange Sie sich nicht von ihnen ablenken lassen. Ein guter Zen-Fahrer fühlt sich in der Gesellschaft anderer durchaus wohl. Durch ihre Nähe und sogar durch ein freundliches Gespräch tragen sie zu unserer Entspannung bei und sorgen dafür, daß wir uns nicht durch nutzlose Selbstgespräche selbst belasten. Die Achtsamkeit und das Erfahren unserer Umwelt bestimmen unser Fahrverhalten, und das Ganze wird zu einem erfreulichen Unternehmen.

Harry und Susan sind ein besonderer Fall. Sie fahren selten allein – Susan tut es nie –, und sie zeigen dabei die Vor- und Nachteile des gemeinsamen Fahrens. Beide, ein älteres Ehepaar, haben schon seit vielen Jahren den Führerschein, aber sie fühlen sich dem ihnen »fremden« und »verrückten« Verkehr auf den Stadtautobahnen nicht gewachsen.

Während ich mit ihnen im Auto sitze, wird mir sehr bald klar, wo das Problem liegt. Harry und Susan versuchen ihre Schwierigkeiten im dichten Verkehr dadurch zu bewältigen, daß sie sich ununterbrochen über die anderen Verkehrsteilnehmer unterhalten – sie fahren zu schnell, sie fahren zu dicht auf, sie wechseln zu plötzlich die Fahrbahn. Meist ist es eine negative Kritik gewürzt mit Spekulationen darüber, woher diese Fahrer stammen können und wohin sie gehen werden, wenn sie gestorben sind. Harry und Susan geben sich ununterbrochen Ratschläge und Anweisungen, als sei der eine der Pilot und der andere der Navigator. Und was ihren Fahrstil betrifft, so fahren sie zögernd und ungleichmäßig und zeigen dabei einen ausgesprochenen Mangel an Selbstvertrauen.

Ich bitte sie beide, während unserer gemeinsamen Fahrt keine Kritik an den anderen Fahrern zu üben und nach Möglichkeit zu schweigen. Ich mache den Vorschlag, daß sich der Fahrer – Harry übernimmt als erster das Lenkrad – vor allem auf den Verkehr und die Straßenverhältnisse konzentriert, ohne ein positives oder negatives Urteil darüber abzugeben.

So beginnt die Fahrt, aber nach fünf Minuten eisigen Schweigens platzt Harry heraus: »Was soll ich denn tun? Sagen Sie doch etwas!«

»Sie machen alles richtig«, erwidere ich. »Versuchen Sie nur, Freude am Fahren zu haben.« Aber Harry protestiert: »Wie kann ich Spaß daran haben, wenn ich die ganze Zeit darauf warte, daß Sie mir sagen, was ich tun soll?« Ich erkläre ihm und Susan, daß es gar nicht nötig sei, sie zu kritisieren oder ihnen irgendwelche Anweisungen zu geben. Sie brauchten nur Vertrauen zu ihren eigenen Entscheidungen zu haben und müßten es schweigend zulassen, daß ihre eigene Fahrfertigkeit das Kommando übernähme. Ich sage, daß man die Aufmerksamkeit nicht fördere und sich nicht am Fahren freuen könne, wenn man ständig von seinem Partner oder einem dritten kritisiert würde oder eine solche Kritik erwarte. Solche Gedanken seien nur störend, und Achtsamkeit bedeute, daß man sich von allen störenden Gedanken und Vorstellungen frei mache. Die konzentrierte Aufmerksamkeit sei ein körperlicher und ein mentaler Zustand. Wenn man sich darauf konzentriert, aufmerksam zu sein, wenn man seine Augen offenhält, dann kann man fühlen, wie nahe man der Mittellinie der Straße ist, und man fühlt, wie schnell der Wagen hinter einem fährt. Man spürt deutlich jede Kurve und die Bewegung des Wagens neben einem. Aber man muß wirklich konzentriert sein! Man braucht keine Anweisungen, man muß nur sehen und die Augen offenhalten!

Dann stelle ich Harry auf die Probe. In gewissen Abständen unterbreche ich das Schweigen und frage ihn nach der Situation hinter seinem Fahrzeug. Dabei soll er nicht in den Rückspiegel sehen. Oder er soll mir – ohne den Kopf zu wenden – sagen, was links oder rechts von ihm vorgeht. »Fahren Sie schnell genug, um mit dem allgemeinen Verkehrsfluß mitzuhalten?« »Wo werden wir bei der nächsten Ausfahrt sein?« »Wer wird als erster an der nächsten Kreuzung sein?« »Was geht hinter Ihnen vor?« »Was geschieht rechts von Ihnen?« »Wie weit nach vorn können Sie sehen?« Allmählich wird ein Spiel daraus, und Harry scheint zu begreifen, daß er, wenn er aufmerksam ist, das ganze Panorama dessen, was im Umkreis von dreihundertundsechzig Grad geschieht, in sich aufnimmt und diese Fragen spontan beantworten kann. Und so fängt seine Aufmerksamkeit und Aufnahmefähigkeit allmählich an, automatisch zu funktionieren.

Während ich mich mit Harry beschäftige, habe ich seine bessere Hälfte nicht vergessen. Ich weiß, daß Harry und Susan, seit sie erwachsen sind, fast jede Minute miteinander verbracht haben, und das wird wahrscheinlich auch so bleiben. Obwohl sie beide rechthaberisch sind und sich ständig gegenseitig korrigieren, besteht eine sehr gute und enge Beziehung zwischen ihnen, und das zeigt sich überall – zu Hause ebenso wie im Supermarkt oder in ihrem Auto. Ich sehe das auch daran, wie sie aufeinander eingehen, der eine die Gedanken des anderen zu Ende denkt, oder wie sie etwa beim Autofahren glauben, sich gemeinsam gegen »diese schrecklichen Verkehrsrowdies« wehren zu müssen. Ich gebe ihnen den Rat, sich beim Autofahren mehr Vertrauen zu schenken. Um das zu erreichen, habe ich aus unseren gemeinsamen Autofahrten praktische Übungen nach den Grundsätzen der Gestaltpsychologie gemacht. Während Harry sich darum bemüht, dem Verkehrsgeschehen seine volle Aufmerksamkeit zuzuwenden, fordere ich Susan auf, die Augen zu schließen, zu schweigen und ihre eigenen Ängste für sich nach einer Skala von eins bis zehn zu bewerten. Susan soll sich dabei ihrer Ängste und Besorgnisse bewußt werden und sie beherrschen lernen. Sie soll das so lange tun, bis sie sich völlig entkrampfen und entspannen kann. Dann darf sie die Augen öffnen und zusehen, wie ihr Mann den Wagen fährt. Das Experiment gelingt, und von nun an treten keine Schwierigkeiten mehr auf.

Doch als sich Susan ans Lenkrad setzt, fängt alles wieder von vorn an. Am ängstlichsten ist Susan während der Zufahrt auf die Stadtautobahn. Hier verläßt sie sich ganz auf Harry, der sich als gewissenhafter Lotse nach allen Seiten umsieht und ihr sagt, wann sie einbiegen soll und wann sie sich in den Verkehr auf der Autobahn einfädeln kann. Susan schaut hin und wieder auch selbst in den Rückspiegel, aber meist sieht sie starr geradeaus und wechselt erst dann die Fahrbahn, wenn Harry es ihr sagt. Das Ganze wird zu einem sehr gewagten Manöver, aber nachdem es ihr gelungen ist, wird sie von Harry gelobt. Beide atmen erleichtert auf, als hätten sie gemeinsam eine großartige sportliche Leistung vollbracht und einen hohen Berggipfel erstiegen.

Doch jetzt soll Susan das Gefühl haben, daß sie einen solchen Erfolg ihren eigenen Anstrengungen zu verdanken hat. Ich fordere Harry auf, die Augen zu schließen, nichts mehr zu sagen und seine eigenen Ängste und Befürchtungen zu beobachten, falls er welche hat. Währenddessen lasse ich Susan immer wieder aus dem Verkehr auf der Stadtautobahn ausscheren, auf die Nebenstraßen fahren und das Einfahren über die Zubringer üben. Dabei frage ich sie jedesmal: »Welches Gefühl haben Sie, wenn Sie das Tempo beschleunigen? Was fühlen Sie, wenn Sie im Rückspiegel sehen, daß andere Wagen sich Ihnen nähern?« Ich blicke zu Harry hinüber, der mit angehaltenem Atem und rotem Kopf dasitzt und kaum in der Lage ist, sich zu beherrschen. »Ist es besser, wenn Sie den Kopf wenden und nach hinten schauen? Treten Sie nicht auf die Bremse, wenn Sie sich in den Verkehr einfädeln wollen, sondern regeln Sie die Geschwindigkeit nur mit dem Gaspedal. Welches Gefühl haben Sie dabei? Haben Sie Angst?« Und immer wieder versichere ich ihr: »Sie haben nichts zu befürchten, Sie können es auch ohne fremde Hilfe.« Ich hoffe, daß Susan bewußt erleben wird, wie sie das Fahrzeug beherrscht, auch wenn sie keine Bestätigung oder Anweisung von Harry erhält.

Was ich bei meiner Arbeit mit Harry und Susan erreichen will, ist nichts anderes als Vertrauen, Selbstvertrauen und das Vertrauen zum anderen. Vertrauen gewinnt man nur, wenn man sich durch reine Achtsamkeit und reine Erfahrungen leiten läßt.

Der Geist ist ein Geist des steten Neubeginns

Beim Autofahren nach der Zen-Methode fängt man immer wieder von neuem an – gleichgültig wer Sie sind, wie alt Sie sind oder welche Erfahrungen Sie bisher gemacht haben. Jedesmal, wenn Sie in Ihren Wagen steigen, soll das, was Sie während der Fahrt erleben, vollkommen neu sein. Das Autofahren ist nur dann ein alter Hut, wenn Sie in Gedanken woanders sind. Es wird Ihnen Freude machen, wenn Sie mit allen Sinnen dabei sind.

IV. Kapitel

Die Todesfurcht in einer Welt des Zufalls

Wie lange Zeit bin ich hinter unwirklichen Dingen hergelaufen!
Jitoku Eki

Das wahre Zen

Der Begriff Zen läßt sich nur sehr schwer definieren – das wäre so, als wollte man versuchen, einen rasch dahinfließenden Fluß mit der Hand zu erfassen.

»Was ist Zen?« sagt Paul Reps. »Wenn Sie wollen, versuchen Sie diese Frage zu beantworten. Aber Zen ereignet sich von selbst. Das wahre Zen zeigt sich im täglichen Leben, im bewußten Handeln.« Es ist, was es ist: Sie und Ihr Wagen fahren eine verkehrsreiche Straße entlang. »Das Ding an sich.« Viel leichter läßt sich definieren, was Zen nicht ist.

Und so sind wir jetzt auch an den Punkt gekommen, an dem wir uns genauer anschauen sollten, was ich die »Manifestationen des Nicht-Zen« genannt habe, jene erstarrten Vorstellungen, die konditionierten automatischen Reaktionsmuster und Zwangslagen, die unsere von der Natur gegebenen Fähigkeiten beim Autofahren blockieren. Wenn unser Bewußtsein von solchen Vorstellungen überschwemmt wird, verlieren wir den Kontakt zu unserem natürlichen Selbst. Wir zerstören das delikate Gleichgewicht zwischen dem Fahrer, seinem Wagen und der Straße, und Achtsamkeit und Erfahrung bleiben auf dem Parkplatz zurück. An ihre Stelle sind jetzt Besorgnis, Zorn, Verkrampftheit, Aggressivität, Zwang und natürlich Angst getreten.

Auch Sie werden es noch erleben

Jedes Jahr kommt es allein in den Vereinigten Staaten zu etwa achtzehn Millionen unheilvollen und im Einzelfall nicht vorhersehbaren Unfällen. Dabei werden durchschnittlich zwei Millionen dreihunderttausend Menschen verletzt, und fünfundvierzigtausend kommen ums Leben. Autounfälle sind für Amerikaner zwischen fünf und fünfunddreißig Jahren die häufigste Todesursache. Aber das wirklich Schlimme daran ist die Tatsache, daß das Fahren auf den amerikanischen Straßen im Grunde ein Glücksspiel ist. In dem vom Department of Motor Vehicles des Staates Kalifornien herausgegebenen *California Driver Fact Book* wird festgestellt: »Statistisch gesehen bestimmt der Zufall weitgehend, wer in einen Verkehrsunfall verwickelt wird.« Es ist also reiner Zufall, wer einen Unfall erleidet.

Aber es kommt noch schlimmer.

Nach psychologischen Untersuchungen des Autofahrens braucht man eintausendfünfhundert psychomotorische Fertigkeiten, um ein Kraftfahrzeug zu steuern. Nach Auffassung vieler Fachleute ist der schlichte Autofahrer damit ganz einfach überfordert. Unsere besorgten Experten sprechen zum

Beispiel über »inhärente Grenzen der menschlichen Leistungsfähigkeit beim Autofahren« und behaupten, daß ein gewisses Maß an menschlichem Versagen bei jedem Autofahrer als normal angesehen werden muß. Normal! Die Untersuchung einer Versicherungsgesellschaft ergibt, daß der Durchschnittsfahrer auf einer Strecke von anderthalb Kilometern zweieinhalb Fehler macht. Riskantes Fehlverhalten muß also als etwas ganz Gewöhnliches angesehen werden. Und diese Feststellung wird durch Studien bestätigt, die angeblich nachweisen, und zwar *statistisch,* daß die offizielle Fahrausbildung und die in den Fahrschulen gebotenen Fahrkurse nicht zur Verbesserung des Fahrverhaltens beitragen.

Diese Statistiken ergeben kein sehr günstiges Bild. Die Aussichten des Verkehrsteilnehmers, ungeschoren davonzukommen, sind äußerst gering. Wenn Sie nicht von einem Betrunkenen oder von einem leichtsinnigen Anfänger angefahren werden, können Sie sich damit trösten, daß Sie sich selbst durch Ihre angeborene Neigung, als Kraftfahrer Fehler zu begehen, gefährden. Wir sind Opfer des Zufalls! Und kein Schulungs- oder Ausbildungssystem kann uns retten. Es ist traurig, das sagen zu müssen. Aber von all denen, die es wagen, sich in ihrem Auto am Straßenverkehr zu beteiligen, werden einige mit Sicherheit nicht mit dem Leben davonkommen. Es ist wie ein Würfelspiel. Und eines Tages werden auch Sie vielleicht das Opfer eines solchen Zufalls sein. Gute Nacht!

Macht und Überlegenheit

Vor einigen Jahren hat L. Black eine interessante Untersuchung über das Autofahren angestellt. Er hat eine Anzahl Autofahrer aller Alters- und Berufsgruppen interviewt, die darin übereinstimmten, daß das wichtigste an einem Auto seine Verkehrssicherheit sei. Dabei nannten sie eine ganze Reihe von technischen Einzelheiten, die alle dazu dienen sollten, die Sicherheit zu erhöhen. So glaubten sie zum Beispiel, automatische Sicherheitsgurte seien eine großartige Sache. Die große Zahl der Unfälle hatte sie offenbar nervös gemacht. Jedenfalls sollte beim Automobilbau die Sicherheit der Insassen im Vordergrund stehen.

Nach dieser ersten Befragung hypnotisierte Black alle diese Leute, und was sie unter Hypnose aussagten, klang völlig anders. Die Sicherheit stand durchaus nicht mehr im Mittelpunkt. Jetzt meinten sie, das Automobil müsse vor allem schnittig und schnell sein. Die meisten Unfälle würden von langsamen Fahrern verursacht. Die hypnotisierten Fahrer stimmten nun darin überein, daß das Großartige am Autofahren das Gefühl der Macht und Überlegenheit sei, das man am Lenkrad erlebe!

Diese Studie wird oft angeführt, um zu zeigen, welche gefährlichen Tendenzen im Unterbewußtsein des durchschnittlichen Autofahrers schlummern: Wildheit, Erregung, unersättliches Machtstreben und Selbstüberschätzung. Früher oder später müssen diese mächtigen Triebe ausufern und außer Kontrolle geraten.

Diese Interpretation ist von der Freudschen Lehre beeinflußt, die ja dem Unterbewußtsein eine sehr starke Bedeutung beimißt. Für die Anhänger der Freudschen Psychologie ist die Welt ein recht ungastlicher Ort, an dem das Recht des Stärkeren herrscht und wir einander mit Zähnen und Klauen bekämpfen. Nach ihrer Auffassung werden wir von innen und von außen bedroht. Nur eine zivilisierte Gesellschaft kann uns retten. Wir müssen unsere natürlichen Neigungen – das Streben nach Macht und Überlegenheit – meistern, um in einer friedlichen Gesellschaftsordnung leben zu können. Ein »Waffenstillstand« ist dabei das Beste, worauf wir hoffen können. Theoretisch würden wir ohne die Straßenpolizei, die den Verkehr überwacht, den Gashebel bei jeder sich bietenden Gelegenheit voll durchtreten.

Wir fürchten die grün-weißen Polizeifahrzeuge ebenso wie das Stück Wild, das uns unverhofft vor den Kühler läuft. Das entspricht ganz der Vorstellung der Behörden und vieler Gesetzgeber. Um uns zu zwingen, die Verkehrsregeln einzuhalten, müssen wir in Furcht und Schrecken versetzt werden. Wenn man die Einhaltung der Verkehrsregeln erzwingen möchte, muß man auf die Angst der Verkehrsteilnehmer setzen und dadurch ihr gefährliches Geltungsbedürfnis dämpfen.

Wo begegnen wir den wilden Bestien?

Aber ist es wirklich die Furcht, die für einen harmonischen Verkehrsfluß auf unseren Straßen sorgt? Sind die Straßen wirklich der Schauplatz, auf dem Ungeheuer und menschliche Unholde ihr Unwesen treiben? Diese Vorstellung ist nur Ausdruck des Mißtrauens gegenüber der menschlichen Natur. Furcht ist eher ein Ergebnis des Denkens, als daß sie sich mit der Wirklichkeit rechtfertigen ließe. Bei den Zen-Buddhisten hat Angst nie eine besondere Rolle gespielt. Nach der Lehre des Zen ist es absurd, unsere ungezähmten inneren Triebe durch Furchtgefühle bändigen zu wollen. In unserem Unbewußten schlummert eine Weisheit, der wir folgen können und sollen. Auch wenn wir in einem schnellen oder auf Sicherheit ausgelegten Wagen fahren, sollte es unser Ziel sein, die in unserem Inneren verborgenen Kräfte und Fähigkeiten zu nutzen. Damit wecken wir die Kräfte des natürlichen Selbst!

Doch die in unserer Kultur so stark ausgeprägten Gefühle der Unsicherheit und des Mißtrauens wenden sich ständig gegen uns selbst. Wir werden unaufhörlich gewarnt: Lege den Sicherheitsgurt an! Fahre defensiv! Hohe Geschwindigkeit tötet! – Und allmählich fragen wir uns, ob das Autofahren überhaupt etwas Natürliches ist. Ist ein Auto ein Naturprodukt? Haben Fahrzeuge einen Platz in Gottes Schöpfung? Wenn nicht, dann haben vielleicht jene Fachleute recht, die von den »in den Beziehungen des Menschen zu diesen Fahrzeugen bestehenden inhärenten Schwächen« reden. Wenn wir eines dieser Blech-Ungeheuer besteigen, verlassen wir dann nicht die uns von der Natur gegebene Welt und betreten einen gefährlichen, künstlichen Bereich, in dem wir damit rechnen müssen, vernichtet zu werden?

Wenn wir es zulassen, daß unser Denken nur noch von Zahlen beherrscht wird, die uns die Statistiken der modernen Zivilisation vermitteln, dann lautet die Antwort »ja«. Wenn wir auf die persönliche Initiative verzichten, unseren Glauben an das natürliche Selbst aufgeben und uns nur noch als eine Zahl in einer Statistik über Autounfälle begreifen, wird die Angst die Herrschaft über unseren Geist und unseren Körper übernehmen, und wir werden in schwere Depressionen versinken. Eine so übertriebene Furcht bezeichnet man als *antizipatorische Furcht* – die Angst vor der Angst. Dieses Furchtempfinden lähmt uns und führt dazu, daß wir wie die Nachzügler in einer Herde den starken Raubtieren zum Opfer fallen. Wenn ein Fahrer ständig an die Grenzen seiner Leistungsfähigkeit denken muß und das Selbstvertrauen verliert, gerät er in einen Gemütszustand, der nicht nur seine Aufmerksamkeit herabsetzt, die ihn befähigt, Unfälle zu vermeiden, sondern er beschwört gewissermaßen Ereignisse herauf, die dann oft auch eintreten. Wenn Sie damit rechnen, mit einem anderen Fahrzeug zusammenzustoßen, ist dieser Zusammenstoß vorprogrammiert und wird sich eines Tages ereignen. Durch unsere Ängste können wir allzu leicht gerade das herbeiführen, was wir am meisten fürchten. Wir locken gewissermaßen die großen autofressenden Bestien an, in deren Gefolge schon die Versicherungsgesellschaften lauern, die an unseren Ängsten verdienen. Unter dem Einfluß solcher Emotionen und Täuschungen fangen wir an, uns auf Amulette und Talismane zu verlassen.

Der Versuch, die Katastrophe abzuwenden

Eine Unfallversicherung ist ein reiner Luxus. Wenn Sie sich diesen Luxus leisten können, sich höher zu versichern, als es gesetzlich vorgeschrieben ist, schützen Sie die Versicherungen vor geldgierigen Rechtsanwälten und gewährleisten den Ersatz materieller Verluste. Aber während Sie am Lenkrad sitzen, hat eine Versicherung keinerlei funktionalen Wert. Sie bedeutet Ihnen bestenfalls das gleiche wie der Talisman, den Sie mit einem Schnürchen an den Rückspiegel hängen können: Sie bewirken nichts, sehen aber nett aus, wenn sie dort baumeln. Schlimmstenfalls wird Sie die Versicherung in einer nicht vorhandenen Sicherheit wiegen, nach dem Motto: »Was kann mir schon passieren? Ich bin ja versichert!« Und es ist durchaus möglich, daß dieses falsche Sicherheitsgefühl dazu führt, daß Sie in Ihrer Achtsamkeit nachlassen und deshalb eher in einen Unfall verwickelt werden. Der Schriftsteller Franz Kafka, der sein ganzes Leben für eine Versicherungsgesellschaft gearbeitet hat, behauptete, daß die Leute, die eine Versicherungspolice kauften, dasselbe täten wie die primitiven Völker, wenn sie ein Unheil abwenden wollten. Wenn Sie sich vor Unfällen schützen möchten, können Sie sich nicht auf Zauberkräfte verlassen. Sie müssen auf Ihr natürliches Selbst bauen!

Im Wörterbuch werden für das Wort *Unfall* zwei Definitionen aufgeführt: »Ein unvorhergesehenes und nicht vorausgeplantes Zusammentreffen von Umständen; das Fehlen von Absicht oder Notwendigkeit: Zufall« und »Ein unglückliches Ereignis, verursacht besonders durch Sorglosigkeit oder Unwissenheit.« Die zweite Definition stellt trotz unserer Angst vor einem blinden Schicksal die Realität auf unseren Straßen zutreffend dar. Es ist die *einzige* Definition, die der Zen-Autofahrer akzeptiert.

Lassen Sie sich durch Statistiken nicht täuschen. Versicherungsgesellschaften haben es naturgemäß mit großen Zahlen zu tun. Statistiken sind die geeigneten Grundlagen für die Voraussage bestimmter Entwicklungen im großen und für Rentabilitätsberechnungen, aber sie begünstigen auch das Entstehen von Vorurteilen und können über den einzelnen Autofahrer nichts Gültiges aussagen. Sie kennen doch sicher die Geschichte von dem Statistiker, der in einem Fluß mit einer *durchschnittlichen* Wassertiefe von sechzig Zentimetern ertrunken ist.

Furcht und Furchtlosigkeit

Die Grenzen unserer Leistungsfähigkeit beim Autofahren sind, dessen können Sie sicher sein, statistisch nicht zu erfassen. Sie sind selbst erzeugt, und die Folgen seines Fehlverhaltens muß jeder selbst tragen. Wenn die Angst die Oberhand gewinnt, wird unsere Fahrfähigkeit beeinträchtigt, und wenn wir den inneren Spannungen der antizipatorischen Furcht zum Opfer fallen, wird die Übereinstimmung des eigenen Selbst beim Zusammenwirken mit den anderen Verkehrsteilnehmern aufgehoben, und wir verlieren den direkten Kontakt zum Straßensystem als Ganzem. Unser natürliches Selbst, unsere Erfahrungen und unsere Achtsamkeit, die wir brauchen, um *allen* Verkehrssituationen gewachsen zu sein, wirken nicht mehr und können auch nicht weiterentwickelt werden. Anstatt alle Verkehrssituationen beim Fahren zu beherrschen, sind wir ihnen nur noch ausgesetzt. In der Zeitschrift *California* erzählt Tom Huth eine komische Geschichte über einen unglücklichen Fahrer, der in einer solchen Lage vor Furcht buchstäblich erstarrt war. »Der Schriftsteller und Autofanatiker Paul Pierce sah eines Nachmittags auf der Autobahn einen Mann neben seinem Wagen auf der mittleren Leitplanke sitzen. Es war ein Farmer, der bis dahin noch nie die Autobahn benutzt hatte. Am Vormittag war er mit vollem Tank losgefahren und im allgemeinen Verkehrsstrom auf die Autobahn geraten. Rücksichtslose Fahrer hatten ihn auf die linke Fahrspur gedrängt, und nun hatte er nicht mehr gewagt, die Fahrspur zu wechseln. Er war in seiner Angst sechs Stunden lang auf der linken Fahrspur weitergefahren, bis sein Tank leer war und sein Wagen neben der mittleren Leitplanke stehenblieb.«

Auf den Autobahnen begegnen dem unerfahrenen Autofahrer manche Gefahren und Dinge, die er fürchten muß, unter anderem die Furcht selbst. Aber wenn wir uns von unserem natürlichen Selbst leiten lassen, können wir ohne weiteres mit jeder Situation fertig werden. Chogyam Trungpa sagt, daß »echte Furchtlosigkeit nicht in der Verringerung der Furcht besteht, sondern in der Überwindung der Furcht... um zu erleben, was Furchtlosigkeit ist, müssen wir zunächst erfahren, was es bedeutet, sich zu fürchten.«

Nach der Lehre des Zen ist Furcht ein ganz natürliches, normales und funktionales Gefühl, und es gibt Zeiten, in denen wir uns diesem Gefühl ebenso wie allen anderen gesunden Emotionen hingeben müssen. Zum Beispiel wird bei schwierigen Verkehrssituationen unsere innere Sekretion angeregt, um unsere Aufmerksamkeit zu erhöhen. In Notsituationen warnt uns ein Adrenalinstoß und befähigt Geist und Körper, sofort zu reagieren. Wenn wir uns fürchten, erhöhen wir unsere Achtsamkeit. Aber ebenso wie wir den Fuß von der Kupplung nehmen müssen, wenn wir einen anderen Gang eingeschaltet haben, dürfen wir uns auch nicht an der Furcht festhalten. Es ist nicht notwendig, ständig an mögliche Gefahren zu denken oder daran erinnert zu werden. Das Gefühl der Angst ist etwas ganz Menschliches, das wir auf natürliche Weise erleben, wenn die Umstände es erfordern. Mit anderen Worten, wir können der Konstruktion unserer Psyche durchaus vertrauen. Sie ist jeder Situation gewachsen, sei es eine Vergnügungsfahrt bei strahlender Sonne oder eine Fahrt im dichten Großstadtverkehr.

Von der Amöbe bis zum modernen Verkehrsmittel

Das Autofahren hat sich wie alles andere in einer langen Evolutionskette allmählich entwickelt. Über Jahrtausende hat sich der Mensch auf natürliche Weise an die Gegebenheiten seiner Umwelt angepaßt, von den heißen, mit Gras bewachsenen Savannen bis zur modernen Großstadt und den Verkehrsmitteln, welche die Überwindung weiter Strecken mit hoher Geschwindigkeit erlauben. Wer könnte behaupten, das Autofahren sei keine den natürlichen Anlagen des Menschen entsprechende Tätigkeit und nicht ebenso ein Teil der Ökologie wie die Spezies, die es geschaffen hat? Wer könnte mit Sicherheit sagen, was natürlich und was nicht natürlich ist? Ist ein Baum etwas Natürliches, ein Haus aber nicht? Wie steht es mit dem Vogelnest?

Waren die ersten primitiven Werkzeuge des *Homo erectus* von der Natur gegebene Dinge? Nach der Lehre des Zen-Buddhismus ergeben sich die größten Schwierigkeiten, wenn wir so tun, als sei nicht alles miteinander verbunden und stünde zueinander in einer bestimmten Beziehung. Ihnen gefällt vielleicht der Jaguar, der die südamerikanischen Regenwälder durchstreift, besser als der von der British Motor Car Company hergestellte Jaguar, aber Sie können nicht sagen, der eine sei realer oder natürlicher als der andere. Beide sind Produkte einer langen Evolutionskette, und beide stehen in enger Beziehung zu ihrer Umwelt. Sicher ist es ein erregendes Erlebnis, einen lebendigen Jaguar zu beobachten, aber einen britischen Jaguar zu fahren kann mindestens ebenso erregend sein.

Schreckgespenster der Straße

Die jeder natürlichen Ordnung widersprechende Vorstellung, die Dinge könnten getrennt voneinander existieren, die schlimme Neigung, überall Gegensätzliches entdecken zu wollen, dieser Mangel an Vertrauen zur menschlichen Natur in uns selbst und in anderen, diese Trugbilder, die uns umgaukeln wie Gespenster, erzeugen Furcht und Zwangsvorstellungen, denen wir zu entfliehen suchen; sie erzeugen Aggressivität und führen dazu, daß wir uns verkrampfen. Und schließlich verlieren wir den

Zugang zu unserem natürlichen Selbst und den Kräften, die uns helfen, das Leben zu meistern. Und je mehr wir aus dem inneren Gleichgewicht geraten, desto mächtiger werden die Schreckgespenster, die uns auf der Fahrt in unserem Wagen begleiten.

Wahrscheinlich gibt es nirgends so viele dieser Trugbilder des Nicht-Zen wie auf den Straßen einer Großstadt. Die schwerste Prüfung für jeden Fahrer ist eine Fahrt durch den dichten Stadtverkehr. Hier werden wir ständig mit neuen Situationen konfrontiert, und nach jeder Straßenkreuzung werden unsere Geduld, unsere Aufmerksamkeit und unsere Fähigkeit, das innere Gleichgewicht zu bewahren, von neuem auf die Probe gestellt. Wenn wir es zulassen, nimmt die Frustration unglaubliche Dimensionen an, und das Verlangen, diese Spannungen abzubauen, wird so stark, daß wir es kaum ertragen können. Im dichten Stadtverkehr kann sich auch der ruhigste, gutmütigste Fahrer in einen wütenden Menschenfeind hinter dem Lenkrad verwandeln – jedenfalls kann man diese Behauptung immer wieder hören.

Eine überraschende Verwandlung

Eines Abends sitze ich in Los Angeles mit einer intelligenten, attraktiven, jungen Frau zusammen. Sie ist Gebrauchsgraphikerin, wohlerzogen und charmant. Es überrascht mich festzustellen, daß sie sich plötzlich in eine Menschenfeindin verwandeln kann, während sie mir erzählt, wie sie sich auf ihren Fahrten durch die Stadt verhält. Man hat den Eindruck, daß sie alle anderen Verkehrsteilnehmer als ihre persönlichen Feinde ansieht. Neben ihr auf dem Beifahrersitz liegt eine Sammlung von Plakaten, die sie durch das Fenster anderen Autofahrern zeigt, deren Verhalten nicht ihren Vorstellungen entspricht: »Du Dummkopf, kannst du nicht zur Seite fahren?« »Stell den Blinker ein!« »Bist du blind?« Das ist nur eine kleine Auswahl. Als besonders wirksame Waffe hat sie außerdem eine Spraydose mit schwarzer Farbe bei sich. Wenn ein anderer Wagen zu dicht neben ihr geparkt hat und sie beim Einsteigen behindert, hinterläßt sie einen breiten schwarzen Lackstreifen auf dessen Kotflügel. Sie behauptet jedoch, selbst eine gute Fahrerin zu sein, die nur versuche, neben all diesen verrückten Fahrern zu überleben. Im Lauf des Gesprächs stellt sich heraus, daß die charmante junge Frau allein im vergangenen Jahr in drei Unfälle verwickelt war und »ein paar« Strafmandate bekommen hat.

Straßen-Rambos

Das Straßennetz in einer Großstadt und die Straßen in den Außenbezirken sind kein Schlachtfeld, auf dem man seine Aggressionen abreagieren kann, aber viele benehmen sich im Straßenverkehr tatsächlich so, als müßten sie eine Schlacht gewinnen. In ihren aus Blech und Glas bestehenden Gehäusen zeigen Autofahrer oft ein aggressives und unhöfliches Verhalten, wie man es bei einem Fußgänger nie erleben wird. Wer würde jemandem, der einen unabsichtlich auf dem Bürgersteig anrempelt oder einem vor die Füße läuft, schon einen Vogel zeigen? Aber unter Autofahrern kann man das immer wieder erleben. Was denken sich diese »Straßen-Rambos«, wie Martin Gottfried sie in dem Nachrichtenmagazin *News Week* nennt, dabei, wenn sie das tun? Wodurch wird diese »Epidemie der Aggressivität«, »der Konkurrenzkampf, der in einem rücksichtslosen Fahrstil zum Ausdruck kommt«, ausgelöst? Sind die Menschen wirklich so verkrampft, so unzufrieden mit sich selbst und so frustriert, daß sie ihre Aggressivität am Lenkrad abreagieren *müssen?*

Die Antwort auf diese Fragen liegt, wie wir schon gesagt haben, in der falschen Vorstellung, der einzelne könne getrennt von seiner Umwelt existieren. Wenn das Bewußtsein, Teil des Ganzen zu sein, gestört ist, kann sich der Mensch nicht von bestimmten Vorstellungen und Vorurteilen lösen. Das Ego des Straßen-Rambo hängt irgendwie beziehungslos in der Luft, und wenn man sich ihm zu nähern wagt, fühlt es sich bedroht und angegriffen. Deshalb sucht es, dem vermeintlichen Gegner durch einen Präventivangriff zuvorzukommen. Und wenn – was Gott verhüten möge – dieses Ego tatsächlich bedroht wird, irgend jemand es anbrüllt oder es durch ein gewagtes Manöver mit dem Wagen in Gefahr bringt, dann gerät dieses Ego in blinde Wut, und alle Sicherungen brennen durch. Es sind keine glücklichen Menschen, die sich in ihren Wagen in Straßen-Rambos verwandeln.

Nicht glücklich? Mein Gott, einige von ihnen sind tatsächlich gefährlich!

Neulich versuchte der Fahrer eines Kleinlastwagens auf einer kalifornischen Landstraße einen anderen zu überholen, der jedoch nicht zur Seite fuhr. Darauf holte der Lastwagenfahrer einen großkalibrigen Revolver aus seinem Handschuhfach und eröffnete das Feuer auf das vorausfahrende Fahrzeug. Er hatte jedoch nicht damit gerechnet, daß auch der andere Fahrer bewaffnet war. So entstand ein tödliches Spiel auf der einsamen Landstraße, in dessen Verlauf die beiden erzürnten Fahrer einander die Fahrzeuge durchlöcherten. Schließlich rief ein dritter, der dieses Duell beobachtete, die Streifenpolizei an, die eine Straßensperre errichtete und die beiden Kampfhähne festnahm.

So unglaublich das klingen mag: Dieses Ereignis ist kein Einzelfall. Die unbeherrschte Aggressivität ist die natürliche Folge eines maßlosen Egoismus und der falschen Vorstellung, daß wir ein von unseren Mitmenschen getrenntes Einzelleben führen. Fahrer, die nach dem Revolver greifen, haben offenbar eine gefährliche Grenze überschritten. Allein im Jahr 1987 ist es auf den Fernstraßen in den Vereinigten Staaten zu etwa einhundert Schießereien gekommen. Die meisten dieser Vorfälle haben sich in Südkalifornien ereignet. Aber eigentlich darf es uns nicht überraschen, daß in den Köpfen bestimmter Autofahrer solche mörderischen Gedanken entstehen. Eine Anfang der 1970er Jahre in Salt Lake City durchgeführte Umfrage ergab, daß zwölf Prozent der männlichen und achtzehn Prozent der weiblichen Autofahrer bereit wären, ihre vermeintlichen Gegner unter den anderen Verkehrsteilnehmern umzubringen, wenn sie es könnten.

Sobald sich jemand nicht mehr als Teil eines organischen Ganzen empfindet, und das ist in diesem Fall die Straße mit den anderen Verkehrsteilnehmern, wird er zum potentiellen Straßenkämpfer. Viele Fahrer betrachten die Straße als ihr Eigentum und dulden es nicht, wenn andere ihnen ihr Eigentumsrecht streitig machen wollen. Professor Raymond Novaco von der Universität von Kalifornien in Irvine, der Untersuchungen über den Streß beim Fahren auf der Autobahn durchgeführt hat, sagt, daß der Autofahrer gewissermaßen in einer Glaskugel lebt und, wenn diese zerbricht, zum »Menschenfeind« wird. Außerdem haben Fahrer, die ihre Achtsamkeit aufgeben und deshalb das Verkehrsgeschehen nicht mehr mit allen Sinnen wahrnehmen, das Gefühl, anonym zu sein, und das ist ein weiterer Faktor, der zu diesen Schießereien führt. Dr. Ange Lobue vom College Hospital in Cerritos, Kalifornien, ein Fachmann für den beim Autofahren entstehenden Streß, sagt, daß manche Fahrer sich vorkommen, als befänden sie sich im Krieg: »Man darf töten, weil man den Gegner nicht persönlich kennt.«

Man nehme also diese potentiellen Straßenkämpfer, lasse sie irgendwo in einer Großstadt unmittelbar nach Geschäftsschluß am Straßenverkehr teilnehmen, wenn die Durchschnittsgeschwindigkeit achtundzwanzig Stundenkilometer beträgt, und es entsteht eine explosive Kombination.

Gelassenheit

Wie können wir es vermeiden, selbst zu verkrampften Auto fahrenden Ungeheuern und zornigen Straßen-Rambos zu werden? Was sollen wir mit unserem Zorn und unseren Frustrationen tun, wenn sie in uns durch das geweckt werden, was wir im Rückspiegel sehen?

Niemand möchte in eine Verkehrssituation geraten, in der er aggressiv reagiert, weil er das Fahren als einen Kampf gegen jeden anderen Verkehrsteilnehmer auffaßt, bei dem er glaubt, sein vermeintliches Recht mit allen verfügbaren Mitteln durchsetzen zu dürfen, und niemand will dem blinden Schicksal und dem Zufall zum Opfer fallen. Bei Castaneda sagt Don Juan: »Der grundlegende Unterschied zwischen einem gewöhnlichen Mann und einem Krieger liegt darin, daß für den Krieger alles eine Herausforderung ist, während der gewöhnliche Mann alles entweder als einen Segen oder als einen Fluch auffaßt.« Deshalb sollten Sie in keinen Aspekt des Autofahrens etwas *Persönliches inve-*

stieren – keinen Egoismus, nicht das Gefühl, ein Opfer des Zufalls zu sein, keine Vorstellungen, keine Formen, keine Gedanken und kein Haften an Trugbildern irgendwelcher Art.

»Was auch geschieht, und vor allem, was mir geschieht, sollte objektiv betrachtet werden, als ginge es mich im tiefsten Grunde gar nichts an«, schreibt Herrigel. Wenn wir uns beim Autofahren ausschließlich von unserer Achtsamkeit und unserem Wahrnehmungsvermögen leiten lassen, ohne irgendwelche Werturteile abzugeben oder uns als von unserer Umwelt getrenntes »Ich« zu empfinden, versiegt die Quelle aller negativen Gefühle gegenüber den anderen Verkehrsteilnehmern. Wenn wir uns allein auf unsere Achtsamkeit und Wahrnehmungsfähigkeit verlassen, werden andere unsere Gefühle nicht mehr beeinflussen können – wir lassen alle inneren und äußeren kleinlichen Sorgen und Kümmernisse hinter uns. Auf Achtsamkeit und Wahrnehmungsfähigkeit konzentriert, erleben wir den Verkehrsfluß um uns her und werden in aller Gelassenheit zum Teil dieses Stroms.

Während Sie nun in dieser Gemütsverfassung die Straße entlangfahren, überholt Sie plötzlich – wie aus dem Nichts auftauchend – ein schneller Sportwagen und fährt dabei so dicht an Ihnen vorbei, daß er Sie fast streift. Das veranlaßt Sie aber nicht, Ihre Fahrtrichtung zu ändern oder auf die Bremse zu treten, doch wie reagieren Sie, während Sie den Wagen am Horizont verschwinden sehen? Wenn Sie überhaupt reagieren, sind Sie nicht ganz auf Ihre

Achtsamkeit und Ihr Wahrnehmungsvermögen konzentriert. Werden Sie sich noch einmal der Tatsache bewußt, daß es kein Territorium gibt, das Sie verteidigen müssen, kein Ego, das beleidigt werden könnte, kein Wertsystem, das von Ihnen verlangt, Sie sollten das Verhalten anderer nach irgendwelchen emotionalen Maßstäben beurteilen. Was gibt es also, worauf Sie reagieren könnten? Irgendein kleiner, hübscher Wagen ist an Ihnen vorbeigeflogen wie ein Käfer. Sie haben ihn wahrgenommen, Sie haben erlebt, wie er vorbeigebraust ist, und *das ist alles!*

Die Hupe – ein unnötiges Ärgernis

Wir müssen die Dinge akzeptieren, wie wir sie vorfinden und wie sie auf uns zukommen. Das erlaubt uns, im Verkehrsfluß zu bleiben und, wenn nötig, unser Können zu beweisen. Mit jeder anderen Haltung beschwören wir Unannehmlichkeiten herauf.

Der verärgerte Fahrer wird zur Gefahr im Straßenverkehr. Diese Leute zeichnen sich dadurch aus, daß sie laute, schrille, unangenehme Geräusche erzeugen, wenn sie bei jeder Gelegenheit ihre Hupe betätigen, Geräusche, die mich immer an einen Burschen namens Dale erinnern.

Ich will nur eine von vielen Geschichten erzählen, die ich mit Dale erlebt habe, diesem stämmigen, freundlichen, liebenswürdigen, bärenstarken und sympathischen jungen Mann, den man wirklich gern haben mußte, wenn er nicht gerade einen Wutanfall bekam, was bei seinem jähzornigen Temperament leider allzu häufig geschah. Besonders eines konnte Dale offenbar unter keinen Umständen ertragen – augenscheinlich verletzte es ihn zutiefst –, und das war das Hupen. Eines Tages hatte Dale mit seinem Wagen eine Panne und mußte auf einer vierspurigen Autobahn am rechten Fahrbahnrand halten. Er stieg aus, klappte die Kühlerhaube auf und versuchte den Schaden zu finden. Er hatte kaum eine Minute dort gestanden, als ein Mann in einer Corvette hinter ihm hielt und anfing, laut zu hupen. Dale blickte auf, um sich den Burschen am Lenkrad dieses Wagens anzusehen, der sein unverschämtes Hupkonzert fortsetzte. »Er mußte doch gesehen haben, daß die Kühlerhaube offen war und ich eine Panne hatte«, sagte mir Dale am Telefon, als er mich aus dem Universitätskrankenhaus anrief. Er saß mit den Polizisten, die ihn dort hingebracht hatten, in der Notaufnahme und wartete darauf, daß der Bursche aus der Corvette wieder zur Besinnung kam. Nun fragte er mich, ob ich so freundlich sein könnte, auf das Polizeirevier zu kommen, um die Kaution für ihn zu hinterlegen.

Vielleicht wäre es Dale in Dänemark besser gegangen, denn dort ist das Hupen grundsätzlich verboten. Auch in den Vereinigten Staaten gibt es viele Autofahrer, die nicht hupen. Gewöhnlich sind es Besitzer von alten Autos mit defekten Hupen oder Leute wie Dale, die die Verbindungsdrähte zu den

Hupen in ihren Wagen herausreißen und viele Jahre unfallfrei gefahren sind, ohne den »Schutz« dieses Instruments in Anspruch genommen zu haben. Hupen ist im Grunde nur ein Ventil, mit dessen Hilfe der ungeduldige Fahrer »Dampf ablassen« kann. Als Zen-Fahrer brauchen wir eigentlich keine Hupe, wenn wir die Vorgänge auf der Straße aufmerksam beobachten. Wenn irgend jemand etwas Unbedachtes tut oder die Verkehrsregeln verletzt und uns dabei gefährdet, ist es unsere Aufgabe, einen Zusammenstoß zu vermeiden, gelassen weiterzufahren, ohne unserem Zorn oder unserer Angst mit der Hupe Ausdruck zu verleihen. Anders als viele Menschen glauben, erteilen wir mit der Hupe dem Fahrer, der sich falsch verhalten hat, keine Lektion. Er wird nicht etwa aufgeweckt. Durch das Hupen wird er nur noch verkrampfter und ängstlicher werden, und das Geräusch wird seine Aufmerksamkeit von der gegenwärtigen Verkehrssituation ablenken. Wenn wir uns selbst böse und rechthaberisch verhalten, dann erzeugen wir in dem vermeintlichen Gegner die gleiche Haltung, und die Gefahr nimmt zu. Außerdem ist es sehr viel angenehmer, unser Ziel zu erreichen, ohne unterwegs unseren negativen Emotionen durch lautes Hupen Ausdruck zu verleihen.

Wenn Sie diesen Rat befolgen, werden nette Leute wie Dale es anerkennen und Ihnen dankbar sein.

Schlechte Gewohnheiten

Die Neigung, die Geduld zu verlieren, ist nichts anderes als eine automatische Reaktion, eine häßliche Angewohnheit, der wir oft folgen, ohne es zu wollen. Diese Gewohnheiten, die man auch als Trieb oder Sucht bezeichnen kann, sind äußere Abhängigkeiten, die uns dazu treiben, etwas zu verwirklichen, von dem wir meinen, daß es uns fehlt, oder Dinge zu tun, von denen wir uns einbilden, wir könnten sie nicht tun. Ein solches triebhaftes Handeln entsteht im Grunde dadurch, daß wir unser natürliches Selbst vergessen haben.

Beim Autofahren wird unser Erinnerungsvermögen am stärksten durch den Genuß von Alkohol oder Drogen beeinträchtigt. Diese schlechte Gewohnheit ist verantwortlich für die Hälfte all der schlimmen Unfälle – der toten und schwerverletzten Menschen –, die beim Autofahren geschehen können. Leute, die es nicht lassen können, vor dem Autofahren Alkohol zu trinken oder Drogen zu nehmen, sollten an ihren Wagen Aufkleber anbringen, auf denen zu lesen ist: »Halluzinationen sind das Schönste für mich«, und ans Rückfenster sollten sie kleine gelbe Schilder hängen, auf denen steht: »Niemand an Bord.« Um es deutlicher zu sagen, wir können unmöglich Zen praktizieren und sicher Auto fahren, wenn wir betrunken sind oder uns mit irgendeiner gefährlichen Chemikalie vergiftet haben. Wissenschaftliche und physiologische Untersuchungen sagen uns ebenso wie der gesunde Menschenverstand, welche schädlichen Auswirkungen der Gebrauch von Drogen beim Autofahren hat. Das ist allgemein bekannt. Die Erleuchtung, die wir in der Zen-Meditation erfahren, ist das Ergebnis von Disziplin und Praxis. Alkohol, Tabak, Kokain, Marihuana und alle anderen Suchtmittel sind nur ein gefährlicher Ersatz dafür. Wenn es Ihnen nicht gelingt, allein durch das Autofahren »high« zu werden, dann verzichten Sie auf das Fahren. Mehr ist dazu nicht zu sagen.

Wir müssen uns allerdings klar darüber sein, daß es unter den Verkehrsteilnehmern auf unseren Straßen Leute gibt, die ihre Fahrtüchtigkeit durch Alkohol und Drogen beeinträchtigen, auch wenn wir selbst vollkommen nüchtern sind. Wir dürfen nicht vergessen, daß auch sie am Straßenverkehr teilnehmen. Unsere Aufgabe ist es, so vorsichtig zu fahren, daß wir nicht mit ihnen zusammenstoßen und uns nicht etwa entschuldigen müssen: »Dieser Wahnsinnige brauchte die ganze Straße für sich; ich mußte ihm immer wieder ausweichen, bevor ich schließlich mit ihm zusammenkrachte.«

Der Sandmann als Beifahrer

Der ehemalige Abt des San Francisco Zen-Center, Richard Baker, hat einmal gesagt, der Mensch sollte *zu keinem Zeitpunkt* nicht so wach sein, wie es ihm möglich ist. Die absolute geistige Klarheit, die in der Meditation erreicht wird, sollte der Mensch in jedem Augenblick seines Lebens bewahren. Für den Autofahrer gilt das in besonderem Maß. Aber wenn wir von Trugbildern verfolgt werden, wenn unser Bewußtsein durch giftige Chemikalien gelähmt ist oder wir schädlichen Gewohnheiten folgen, läßt unsere Achtsamkeit nach und löst sich auf, bis wir schließlich am Lenkrad einschlafen. Gelegentlich vergessen wir tatsächlich, wo wir sind.

Es gibt die verschiedensten Möglichkeiten, am Lenkrad ins Träumen zu geraten und die Achtsamkeit zu verlieren. Sie können vergessen, daß Sie am Steuer eines Wagens sitzen, oder Sie können die Grenzen des Wachbewußtseins überschreiten und mit Ihrem Fahrzeug in eine andere Dimension fahren – in die Dimension der Träume. Ein Lastwagenfahrer hat mir diesen Vorgang einmal wie folgt beschrieben: »Man sagt sich voller Stolz, daß es einem nie passieren könnte, am Lenkrad einzuschlafen, und man nie mit den Augen blinzelt und einnickt. Man hält sich starr aufrecht, und je schläfriger man wird, desto energischer zwingt man sich, geradeaus zu sehen. Doch dann konzentriert man sich auf die Straße und auf alles, was in seinem Blickfeld liegt, so daß die Umwelt zu einem unbeweglichen Bild erstarrt. Die Straße wird zur Startbahn für einen phantastischen Tagtraum. Wie in einem Film löst sich die Szene allmählich auf und wird von einer neuen Szene abgelöst, nur daß diese neue Szene lediglich im Kopf des Fahrers existiert. Ohne daß es einem bewußt wird, was geschehen ist, ist man eingeschlafen und träumt.«

Früher hielt ein Autofahrer, wenn er schläfrig wurde, sein Fahrzeug am Straßenrand an, stieg aus, öffnete die Motorhaube und faßte die beiden Pole seiner Batterie an. Das war das sicherste Mittel, wieder wach zu werden! In einem Zen-Meditationsraum übernimmt während des *zazen* (Meditation) ein Mönch die Aufgabe, mit einem schmalen Holzbrett, dem *keisaku,* langsam durch den Raum zu gehen und jedem Mönch damit auf die Schulter zu schlagen, der nachlässig in seiner Meditationshaltung wird oder einschläft.

Sie werden sich vielleicht nur ungern mit einem elektrischen Schlag wachhalten, und es wird auch nicht immer möglich sein, daß Sie sich durch einen kräftigen Schlag zwischen die Schulterblätter wekken lassen. Aber wie können Sie es verhindern, beim Autofahren einzuschlafen? Das Bewahren der Achtsamkeit im Sinne von Zen ist wie so vieles Übungssache, und das Ergebnis geduldigen Übens wird sein, daß Ihnen diese Achtsamkeit zur zweiten Natur wird und Ihr Leben bereichert. Sie werden erleben, daß Sie selbst die Achtsamkeit sind. Aber Sie werden auch sehen, daß es, wenn das Bewahren der Achtsamkeit zu große Mühe erfordert, Zeit wird, sich auszuruhen. Es heißt, das Üben des Zen bestünde aus folgendem: »Wenn du hungrig bist, iß; wenn du müde bist, schlafe.« Wenn sich der Sandmann zu Ihnen auf den Beifahrersitz setzen will, ob er nun als Schläfrigkeit erscheint, Emotionen weckt oder Sie mit Gedanken überschüttet, dann ist es empfehlenswert, daß Sie sich seiner Gegenwart bewußt werden. Wenn Sie ihn nicht anders loswerden können, warum fahren Sie nicht an den Straßenrand und halten Ihren Wagen dort an. Schlafen Sie ein wenig, schlagen Sie mit der Faust auf das Armaturenbrett oder trinken Sie etwas Kaltes – jedenfalls sollten Sie das tun, was Sie tun müssen, damit in Ihnen das unwiderstehliche Verlangen entsteht weiterzufahren.

Maya

Anstatt die Dinge so zu sehen, wie sie wirklich sind, und beim Autofahren unsere Umgebung mit wachen Sinnen zu erleben, wie es unserem von Gott gegebenen natürlichen Selbst entspricht, anstatt uns mit Hilfe einer Disziplin wie der Meditation in der Bewegung mit dieser Fähigkeit in Kontakt zu bringen, damit wir sie praktisch anwenden können, beschäftigen wir uns in Gedanken mit allen möglichen, durch äußere Reize hervorgerufenen Vorstellungen. Wir denken an unsere Ängste, unsere eigene Unvollkommenheit, an Vorstellungen davon, wie es sein sollte, an unser Mißtrauen gegenüber der Umwelt, an unser falsches Vertrauen auf eine wirksame Kontrolle von außen, an unsere Verkrampftheit, unseren Zorn und unsere Aggressivität. Wir wünschen uns, der Realität zu entfliehen, benutzen dazu schädliche Chemikalien und hoffen, unsere allgemeine Trägheit und Schläfrigkeit zu überwinden. Kurz gesagt, wir geben uns Täuschungen (der Maya) hin. Diese Illusionen, diese Trugbilder haben sich im Verlauf unseres Lebens durch äußere Einflüsse in uns festgesetzt, und wir halten an ihnen fest, bezeichnen sie als Wissen, als einen Teil unseres Selbst, und glauben, damit die richtige Beziehung zu unserer Umwelt herstellen zu können. Wir hängen an diesen Trugbildern wie am Schwanz eines Tigers und wagen es nicht loszulassen, weil wir fürchten, der Tiger könnte sich umdrehen und uns verschlingen.

Der Mönch Chikan aus Kyogen war ein stolzer Mann mit einem scharfen analytischen Verstand, der in den Sutras so bewandert war wie kaum ein anderer. Eines Tages wandte sich sein Lehrer, der Zen-Meister Osho, an Chikan. Der Meister lobte die intellektuellen Fähigkeiten seines Schülers und sagte dann: »Die Frage nach Geburt und Tod ist die fundamentalste. Sage mir nicht, was du darüber gelesen hast, sondern bezeichne mit einem Wort das Wesentliche an deinem Selbst, bevor du aus dem Mutterleib kamst. Antworte sofort!«

Wie vor den Kopf geschlagen stand Chikan vor seinem Meister und brachte kein Wort heraus. Wochenlang suchte Chikan verzweifelt in seinen Büchern nach einer Antwort und ging zwischendurch immer wieder zu seinem Meister Osho, um ihm eine neue Antwort zu geben. Aber der Meister bezeichnete sie alle als falsch. Enttäuscht und erschöpft flehte Chikan ihn an, ihm die Antwort zu sagen. »Nein«, sagte der Meister, »du kannst die Antwort nicht von außerhalb deiner selbst bekommen. Und selbst wenn ich dir ein Wort darüber sagte, käme es aus meiner Erfahrung und aus meinem Verständnis, nicht aber aus deinem Inneren.«

Chikan verlor alles Selbstvertrauen und war so verärgert über sein eigenes Versagen, daß er all seine Bücher verbrannte, das Kloster verließ und sich schwor, das Studium des Zen-Buddhismus aufzugeben. Zornig und innerlich verkrampft zog er sich in den Wald zurück. Dort führte er lange Zeit ein einsames Leben in einer Tempelruine, aber er konnte keinen Frieden finden, denn die Frage, die Osho ihm gestellt hatte, quälte ihn zu sehr.

Als er eines Tages beim Ausfegen seiner Schlafstätte zufällig eine kleine Tonscherbe gegen eine Bambusstange schleuderte, entstand dabei ein seltsam ungewohntes Geräusch. Aufgeschreckt durch diesen unerwarteten Laut erwachte Chikan plötzlich zu seinem wahren Selbst. Er brach in Gelächter aus, setzte sich dann und schrieb den folgenden kurzen Vers:

»Ein Laut drang an mein Ohr,
und ich vergaß alles, was ich wußte.«

V. Kapitel

Als Zen-Fahrer unterwegs

Wie grenzenlos und frei
ist der Himmel des Samadhi!
Hakuin

Samadhi

Nun da wir ganz vom Zen erfüllt sind, wird es Zeit, das, was wir gelernt haben, in die Praxis umzusetzen. Wir sind bereit festzustellen, ob sich das, was wir durch Zen erfahren haben, ohne Rücksicht auf unsere jeweilige Stimmung oder die äußeren Umstände bewährt, egal, ob es schneit oder ob die Sonne scheint, ob wir uns während der Hauptverkehrszeit durch den dichten Stadtverkehr mühen, über Landstraßen fahren oder über die Autobahn dahingleiten. Als Zen-Fahrer unterwegs zu sein bedeutet, voll und unmittelbar zu erleben.

Unsere Achtsamkeit und Aufnahmebereitschaft während des Fahrens sind auf dem Höhepunkt. Wir haben die Trugbilder des Nicht-Zen hinter uns gelassen, von denen wir bis dahin behindert wurden. Jeder Augenblick begegnet uns jetzt wie ein Haiku-Gedicht, wie R. H. Blyth sagt, »befreit von all unseren mentalen Verzerrungen und jeder emotionalen Befleckung.« Wohin die Straße oder unser Bewußtsein uns auch führen mag, wir sind mit Gelassenheit gewappnet. Wir fahren in einem Zustand, den die Zen-Meister »wirkungskräftige Leere« nennen; kein Denken, keine Gedanken, keine Form. Und doch sind wir erfüllt. Unser Bewußtsein haftet an nichts; jedes Verkehrszeichen, jeder Fußgänger, jedes andere Auto und alles, was uns begegnet, wird wahrgenommen und verschwindet wieder aus dem Gesichtsfeld. Wir befinden uns im Zustand des *Samadhi.* Das ist ein Sanskritwort und bedeutet »Konzentration, die Qualität der Meditation«. Es ist ein Zustand, der nicht beschrieben, sondern nur erfahren werden kann.

Ich will aber doch versuchen, es zu tun, und schildern, was ich dabei erlebt habe. Als ich jünger war, habe ich sechs Jahre lang auf dem Motorrad an Querfeldeinrennen teilgenommen. Ich war ein guter Fahrer und gehörte zur Spitzenklasse. Neulich wurde ich von einem Freund gefragt, wie ich es geschafft hätte, ein so guter Motorradfahrer zu werden und schneller zu sein, als die meisten meiner Konkurrenten. Über diese Frage freute ich mich, denn ich unterhielt mich gern über Motorradrennen. Aber als ich versuchte, sie zu beantworten, mußte ich feststellen, daß ich in Wirklichkeit keine Ahnung hatte, welchen Eigenschaften ich meine Erfolge verdankte. Je mehr ich darüber nachdachte, desto weniger konnte ich den oder die Gründe dafür finden. Ich hatte nur lange und ausdauernd geübt und war allmählich immer sicherer und schneller geworden. Jeder kennt die Techniken, die es ermöglichen, schneller zu fahren. Man muß wissen, wo man in einer Kurve zu bremsen hat, wie man sein Fahrzeug beschleunigt, wenn man aus der Kurve herauskommt, und wie man das Körpergewicht einsetzt, um die Haftung der Reifen zu verbessern. Aber nur wenige Fahrer können ihre Leistungen über das rein Technische hinaus noch steigern, und es ist unmöglich zu sagen, was man dazu tun muß. Es ist eine Sache der Selbstsicherheit, aber diese Selbstsicherheit muß sich spontan aus der Praxis ergeben. Natürlich gibt es Fahrer, die selbstsicherer und furchtloser sind als ich, aber augenscheinlich waren gerade sie es, die am häufigsten an die Boxen mußten oder in Unfälle verwikkelt wurden. Wenn ich mich an den Rennen beteiligte, tat ich es im Zustand des Samadhi. Das ist mir aber erst jetzt im Rückblick bewußt geworden.

Das Fahren im Großstadtverkehr

Anders als beim Rennfahren ist es außerordentlich schwierig, im Großstadtverkehr den Zustand des Samadhi zu erreichen, wo der Fahrer ständig durch den unaufhörlichen Wechsel der Verkehrssituation abgelenkt wird. Es ist deshalb eine besondere Herausforderung, weil wir im allgemeinen nicht zu unserem Vergnügen durch die Stadt fahren. Meist fahren wir auf dem Weg zur Arbeit oder zum Einkaufen in die Stadt. Dabei haben wir fast immer ein bestimmtes Ziel vor Augen. Bevor wir die Garage verlassen, ist unser Kopf angefüllt mit Erwartungen und Befürchtungen oder mit blinder Resignation.

Der Zen-Fahrer wird sich allerdings nicht in diesem Gemütszustand auf den Weg machen. Wenige Augenblicke ruhigen Nachdenkens genügen, um solche Erwartungen zum Schweigen zu bringen und die Furcht zu vertreiben. Als Zen-Fahrer wissen wir genau, daß unsere Geduld und Gelassenheit im Großstadtverkehr an jeder Straßenkreuzung auf die Probe gestellt werden. In der Stadt müssen wir uns den ständig wechselnden Verkehrssituationen anpassen, unseren Fahrrhythmus verändern, anhalten und wieder anfahren, das Tempo beschleunigen oder verlangsamen. Dabei können wir uns nicht, wie auf der freien Landstraße, auf eine bestimmte Geschwindigkeit und einen ruhigen Fahrrhythmus einstellen. Im Stadtverkehr sind wir gezwungen, auf einer Strecke von anderthalb Kilometern mindestens zweihundert Entscheidungen zu treffen: Rotes Licht, grünes Licht, nur dort nach links abbiegen, wo es mit einem Pfeil angezeigt wird, wir müssen die Bushaltestellen umfahren, auf Einbahnstraßen achten, dürfen nur nach rechts abbiegen, wenn die Ampel es erlaubt, müssen ausweichen, wenn die Sirene eines Streifenwagens ertönt, und sind die ganze Zeit von anderen Wagen, Omnibussen, Lastwagen, Motorrädern, Fahrrädern und Fußgängern umgeben. Dabei registriert unser Gehirn unaufhörlich Verkehrszeichen, Anweisungen und das Verhalten der anderen Verkehrsteilnehmer.

In diesem Verkehrsgewühl müssen wir uns mehr als irgendwo sonst auf die unerschütterliche Weisheit unserer Achtsamkeit und die Aufnahmefähigkeit unserer Sinne verlassen können. Als Zen-Fahrer im Großstadtverkehr haben wir vielleicht die beste Gelegenheit, unser natürliches Selbst zu finden. Wenn es uns gelingt, die Gelassenheit des Zen zu bewahren, während Hunderte von Impulsen im Lauf einer kurzen Fahrt auf uns einwirken, werden wir anschließend hellwach und voller Lebenslust aus unserem Wagen steigen.

Das Bewahren des Zen-Bewußtseins angesichts der ständig wechselnden Eindrücke und Verkehrssituationen im Stadtverkehr bedeutet, daß wir die Gelassenheit und das Selbstvertrauen gewonnen haben, die uns die reine Achtsamkeit und die ungetrübte Aufnahmefähigkeit unserer Sinne schenken. Das heißt, wir leben in der Welt und sind Teil eines Ganzen. Tanouye Tenshin sagt: »Wenn das Gefühl des Menschen, innerlich voranzukommen, zum Schweigen gebracht wird, wendet er sich dem Lärm der Welt zu. Er verliert jeden Sinn für seinen lebendigen Mittelpunkt und wird gefangen in den Fesseln von hundert verschiedenen Situationen. Dann kann es zur Katastrophe kommen!« Verlieren Sie Ihr Selbstvertrauen, und Sie verlieren Ihre von der Natur gegebene, spontane Fähigkeit, Ihren Wagen sicher zu lenken – und schließlich werden Sie emotional *und* physisch zum Spielball der Kräfte, die Sie von außen beeinflussen.

Aber konzentriert auf Achtsamkeit und Erfahrung erleben wir, wie der Stadtverkehr an uns vorbeifließt, und wir selbst bewegen uns darin wie in einem natürlichen Strom. Wir akzeptieren die Dinge so, wie wir sie vorfinden. Die Großstadt wird zu einem Ort sich ständig verändernder Bewegungen und Kadenzen, auf die wir gelassen reagieren. Wenn wir zum Beispiel in einen Stau geraten und uns verspäten, werden wir unserer Ungeduld nur dadurch Herr, daß wir uns als Teil des Ganzen empfinden. Nicht nur ich werde aufgehalten; der ganze Verkehrsfluß verlangsamt sich und verlangt von mir, ruhig sitzen zu bleiben und den inneren Rhythmus auf ein neues Tempo einzustellen. Es hat keinen Sinn, solche Verzögerungen einzukalkulieren. Wir können Verkehrsstauungen nicht voraussehen und wissen nicht, wie oft wir aufgehalten werden, weil irgend jemand uns die Vorfahrt nimmt. Es ist nicht notwendig, daß wir uns abhetzen, denn wenn wir uns vornehmen, unser Ziel zu einer bestimmten Zeit zu erreichen, geben wir unsere Gelassenheit auf, verlassen das Hier und Jetzt, und unsere Achtsamkeit verläßt uns. Selbst wenn wir uns um ein paar Minuten verspäten, weil wir in aller Ruhe dem Verkehrsfluß gefolgt sind, wird das dadurch wettgemacht, daß wir nicht gestreßt an unserem Bestimmungsort ankommen, sondern wach, entspannt und innerlich gestärkt. Was nun die Straßen-Rambos und die Fahrer betrifft, die uns aus Unachtsamkeit behindert oder gefährdet haben, so nehmen wir sie nur zur Kenntnis und weichen ihnen gelassen aus. Wir können nicht deutlich genug sagen, daß der Autofahrer in der Großstadt eine sehr wichtige und schwierige Aufgabe übernimmt, wenn er sich an das Lenkrad seines Wagens setzt. Beim Fahren im Großstadtverkehr werden Charakter und Achtsamkeit des Zen-Fahrers wirklich auf die Probe gestellt. Aber wenn wir unsere Gelassenheit bewahren können und uns nicht durch die Masse der Eindrücke aus der Ruhe bringen lassen, wenn wir achtsam und aufnahmebereit bleiben und unsere Konzentration im Samadhi nicht aufgeben, wird uns diese Leistung bestimmt mit Stolz und Zufriedenheit erfüllen. Das geschickte und ruhige Fahren im Stadtverkehr zeigt, daß der Zen-Fahrer seine Lektion gelernt hat. Es ist unsere Zen-Initiation, und sie gewährt uns Einlaß zum großen Pfad des Zen, auch wenn es nur eine von vielen Möglichkeiten ist.

Freie Fahrt

Zum großen Pfad führen keine Tore,
Tausende von Straßen münden in ihn ein.
Wer dieses torlose Tor durchschreitet,
bewegt sich frei zwischen Himmel und Erde.

Mumon

Beim Fahren durch die Straßen der Großstadt erweist es sich, ob wir den Geist des Zen erfaßt haben. Man muß sich darum bemühen. Aber die Belohnung für diese Mühe kommt, wenn wir auf die Hauptverkehrsstraßen kommen oder endlich auf den ins freie Land hinausführenden Fernstraßen sind. Dann gleiten wir wie verzaubert in einen Zustand der inneren Freude und Harmonie. Unser natürliches Selbst übernimmt die Zügel. Ein großes grünes Verkehrsschild scheint uns zu sagen: »Sei unbesorgt und schalte den Schnellgang ein«, und plötzlich schweben wir zwischen Himmel und Erde.

Es gibt wirklich nichts Schöneres als das Fahren auf einer solchen Straße. Die amerikanische Bezeichnung sagt es: »Freeway.« Vor uns liegt ein breites Band aus hellem Beton mit mehreren Fahrspuren, das weit hinausführt bis an den Horizont. Es ist das reine So-Sein! Wir beschleunigen unser Fahrzeug auf der Autobahn und ordnen uns in den Verkehrsstrom ein. Wir lassen uns von ihm mit den anderen schnell fahrenden Wagen mitnehmen. Dabei gleiten endlose weiße Linien und sanft verlaufende Kurven an uns vorüber. Wir lassen Unterführungen und breite Straßenbrücken hinter uns, Gebäude tauchen auf und verschwinden wieder, und die Autobahn zeigt sich uns als ein breiter, tiefer Einschnitt in die Landschaft.

Das Wunderbare daran ist, daß man kaum sagen kann, wo man selbst aufhört und wo die anderen Fahrer anfangen. Die Wagen gleiten wie ein nicht endenwollender Strom die Autobahn entlang. Hier fügen wir uns wie sonst nirgends zu einer großen Einheit zusammen. Wir nehmen Teil an einem neuen, sanfteren Rhythmus, unsere Achtsamkeit erweitert sich. Wir sind nicht mehr ein einzelliger Organismus, sondern ein aus vielen Zellen bestehendes Wesen, und das Erlebnis des Fahrens... nun, sich in einer kleinen Nische bei hoher Geschwindigkeit und rings von anderen Wagen umgeben wiederzufinden, ist in der Tat ein erregendes Erlebnis! Es ist das lebendige Gefühl, etwas Größeres zu sein als das kleine Ego, eine Erfahrung, die uns an einen großen Vogelschwarm erinnert. Die Stare, die sich im Herbst zu solchen Schwärmen zusammenfinden, fliegen in einer großen, aus vielen schwarzen Pünktchen bestehenden Wolke durch die Luft, tauchen hinunter, steigen auf und wenden, jeder einzelne Vogel hält genau seine Position ein, und wir können uns nicht erklären, wie das geschieht. Wir wissen nur, daß es möglich wird, weil jeder einzelne sich losläßt und auf jedes selbständige Handeln verzichtet. So sind auch wir, ohne darüber nachzudenken oder unsere Individualität zu verlieren, mit dem Ganzen verbunden. Wir fahren die Autobahn entlang und haben das Gefühl, zwischen Himmel und Erde zu schweben.

Aber der harmonische Verkehrsfluß läßt sich – in der Stadt oder außerhalb – leicht aus dem Gleichgewicht bringen. Der kleinste Anlaß kann ihn ins Stocken geraten lassen. Oft genügt ein hübsches Mädchen, das am Randstreifen einen Reifen wechselt, um im Berufsverkehr am frühen Morgen einen viele Kilometer langen Stau entstehen zu lassen. Wenn ein paar Fahrer ihre Geschwindigkeit herabsetzen, kommt es immer wieder zu Stockungen. Dann gibt es Fahrer, die den flüssigen Verkehr dadurch stören, daß sie zu plötzlich oder zu langsam die Fahrbahn wechseln, den Abstand zu ihrem Vordermann zu sehr erweitern oder nicht rechtzeitig anzeigen, daß sie die Autobahn verlassen wollen. Sie können die anderen Verkehrsteilnehmer erheblich behindern. Und obwohl auf jeder mehrspurigen Autobahn Platz genug für alle ist, kommt es immer wieder vor, daß sich die meisten Fahrer auf einer Fahrbahn drängen, so daß ein Stau entsteht, der sich erst auflöst, wenn sich die Autos auf alle Fahrbahnen verteilen.

Dann können wir unser inneres Gleichgewicht wiedergewinnen, ein Gleichgewicht, das nicht so störanfällig ist wie der freie Verkehrsfluß auf der Straße. In unserem Bewußtsein gibt es keine Stauungen, denn es ist dieses innere Gleichgewicht, das uns erlaubt, mit unserer Umwelt im Einklang zu leben. Es erlaubt uns, uns jeder Situation anzupassen, ohne auf unsere individuelle Integrität zu verzichten. In diesem Sinne ist jede Straße, die wir benutzen, ein »Freeway«. Im Grunde besteht kaum ein Unterschied zwischen dem Fahren im Stadtverkehr und dem Fahren auf der freien Autobahn. Nur die Rhythmen sind verschieden; wir bewegen uns nach einer jeweils anderen Melodie.

Gute Schwingungen

Wenn wir uns einmal entschlossen haben, dem Weg des Zen zu folgen und die verschiedenen Verkehrssituationen so zu akzeptieren, wie wir sie vorfinden, erleben wir das Autofahren manchmal so, als tanzten wir, und ebenso wie die Musik die vollkommenste Ergänzung des Tanzens ist, kann sie auch die beste Begleitung für das Autofahren sein. Musik und Bewegung bilden ein harmonisches Ganzes.

Ob es nun rhythmische Gitarrenklänge sind oder ein melodiöser Walzer, die Musik fordert uns auf, das Hier und Jetzt zu erleben, sie bringt unsere törichten Selbstgespräche zum Schweigen und intensiviert den natürlichen Rhythmus des Fahrens. Die Klänge, die unseren Wagen erfüllen, helfen uns, unser natürliches Selbst wiederzufinden. Wir leben innerlich auf.

> So gibt es Leute, die das Leben aufgeben
> und anfangen zu sterben in kleinen
> Schritten.
> Andere kommen von der Arbeit nach Hause,
> waschen sich
> und fahren hinaus zur Wettfahrt auf den
> Straßen.
>
> *Bruce Springsteen*

Unsere Leistungen steigern sich überall dort, wo sie uns zur zweiten Natur werden. Die Musik hilft uns, diese Spontaneität zu erreichen. Denken Sie zum Beispiel an die Bauarbeiter, die weit oben am Baugerüst hängen, um Eisenträger zusammenzuschweißen, während neben ihnen der Kassettenrecorder mit voller Lautstärke spielt. Musik verstärkt die natürlichen Rhythmen jeder Tätigkeit und so auch die des Fahrens, indem sie unsere Erlebnisfähigkeit intensiviert.

In Wirklichkeit erhöht die Musik vielleicht nur das Vergnügen des Autofahrens. Denn eines der schönsten Erlebnisse während einer langen Fahrt ist es, nachdem man lange Zeit Musik gehört hat, den Rhythmus der Geräusche des Wagens, der Straße und der Umwelt wahrzunehmen, die einen, wenn alles andere schweigt, in einen heiteren Gemütszustand versetzen. Das Tempo, die Bewegung und das Fahrgeräusch erzeugen ihren eigenen natürlichen Rhythmus wie die Musik. Er läßt sich vergleichen mit dem Rhythmus eines Mantra, das während der Meditation gesungen wird. Dabei werden geräuschvolle Gedanken und Gefühle abgeschaltet, und die Achtsamkeit des Fahrers steigert sich. Mit anderen Worten, das Fahren kann zu einer sehr angenehmen Freizeitbeschäftigung werden, und man kann sich dabei ebenso wohl fühlen wie zu Hause auf der Couch, wenn man sein Stereogerät eingeschaltet hat. Man sieht die Welt plötzlich mit ganz anderen Augen.

Die Melodie der Landstraße

Eine der schönsten Melodien hören wir Amerikaner auf Überlandfahrten. Wenn wir durch die weiten Wüstengebiete Amerikas fahren, ein blau-weißer Himmel sich über uns wölbt und die Luft über dem heißen, schwarzen Asphalt flimmert, dann haben wir, wie Robert Penn Warren es ausdrückt, das Gefühl, »durch dieses schimmernde Licht zu fliegen«. Während wir in unserem technisch perfekten Fahrzeug die Straße entlanggleiten und die Musik aus dem Radio ertönt, vermittelt uns die Überlandfahrt das starke Gefühl, daß wir von unserem natürlichen Selbst spontan vorangetrieben werden. Wenn wir uns so mit allen Sinnen auf diesen Vorgang eingestellt haben, geschehen, wie Robert Pirsig in *Zen and the Art of Motorcycle Maintenance* schreibt, »erstaunliche Dinge, und man fliegt durch die Landschaft, getrieben von einer Kraft, die man magisch nennen könnte«.

Aber das schimmernde Licht und die Magie können sich plötzlich auflösen und erlöschen, wenn Ihr Motor unvermittelt streikt, während Sie über die Straße dahingleiten. Die Musik verstummt, und Sie sehen sich gezwungen, auf dem sandigen Randstreifen zu halten. Für Leute, die so wie ich eine besondere Vorliebe für alte Autos haben, ist das nichts Ungewöhnliches. Einmal hatte ich im südlichen Utah auf der Fahrt durch die Wüste eine Panne und stand nun mit kochendem Kühler und überhitztem Motor in der glühenden Sonne am Straßenrand. In solchen Augenblicken wird der meditative Geist des Zen auf eine harte Probe gestellt, und man fragt sich: »Hat sich das Schicksal gegen mich verschworen?«

Alte Gebrauchtwagen und neue Traumautos

Robert Pirsig beschreibt sein Verhalten im Gegensatz zu dem seines Freundes John. Er fährt ein altes Motorrad, an dem er ständig etwas zu basteln hat, bevor er sich auf eine längere Fahrt begibt. John ist Besitzer eines ganz neuen Motorrades und weiß kaum, wie eine Zündkerze aussieht. Pirsig behauptet, die Tatsache, daß er sich mit der Technik seiner Maschine auskennt und sie auch selbst reparieren kann, verleihe ihm das Gefühl, Herr seines Schicksals zu sein. John dagegen »sieht an seinem Motorrad nur einen aus verschiedenartig geformten Teilen zusammengesetzten Gegenstand, und er hat zu diesen Teilen keine persönliche Beziehung. Wenn er die Maschine benutzt hat, stellt er sie einfach ab.«

Unser durch Zen geweckter Sinn für die Ganzheit des aus dem Fahrzeug, dem Fahrer und der Straße bestehenden Systems geht verloren, wenn das Fahrzeug nicht einbezogen wird. Wenn Sie einen alten Gebrauchtwagen fahren, pflegen und reparieren Sie Ihr Auto wahrscheinlich selbst. Und Sie sind stolz darauf, selbst das Öl wechseln, die Zündung einstellen oder die Kupplung reparieren zu können. Damit steckt in der Maschine ein Teil Ihrer selbst. Aber auch wenn Sie niemals in Ihrem Leben ölverschmierte Finger gehabt haben, ist es gut, wenn Sie eine Vorstellung davon haben, wie der Motor funktioniert, der Ihren Wagen vorantreibt.

Kurz gesagt, je mehr wir uns mit unserem Wagen vertraut gemacht haben, desto weniger überlassen wir irgend etwas dem Zufall und desto bessere Zen-Fahrer werden wir. Auch wenn wir nur eine vage Vorstellung von der Verbrennungsmaschine und der Kraftübertragung haben – ob wir unsere Kenntnisse nun der Tatsache verdanken, daß wir unser Automobil selbst pflegen und reparieren, oder ob wir unsere Einsichten gewonnen haben, während wir auf den ledergepolsterten Sitzen unseres Traumautos darüber nachdenken, wie das alles funktioniert – auf jeden Fall wird das technische Verständnis die magische Kraft verstärken, die der Besitz eines solchen Fahrzeugs uns verleiht.

Als jemand, der viele Stunden damit zugebracht hat, Gebrauchsanweisungen zu lesen und mit Schraubenschlüsseln zu arbeiten, kann ich bezeugen, daß es diese »Magie« gibt. Sie liegt in der Befriedigung, die uns das Gefühl vermittelt, selbst dafür verantwortlich zu sein, was mit uns geschieht, wenn wir uns mit dem Wagen auf die Straße begeben. Das ist in der Tat etwas sehr Wichtiges, besonders wenn man in sommerlicher Hitze mit einem schadhaften Kühler am Straßenrand sitzt. Dieses Gefühl sorgt dafür, daß bei Ihnen nicht ein mentaler Dichtungsring durchbrennt. Ich habe einmal erlebt, daß ein etwas überspannter Freund eine Panne hatte, und bevor ich ihm zu Hilfe kommen konnte, flippte er völlig aus. Als ich neben ihm hielt, hatte er vor Wut schon sein ganzes Werkzeug aus dem Kofferraum geholt und neben die Straße in die Büsche geworfen – bis auf einen Hammer, mit dem er gerade auf seine Kühlerhaube eindreschen wollte.

Wenn Sie eine Panne haben, bleibt Ihnen nichts übrig, als entweder zum nächsten Telefon zu gehen und den Automobilclub anzurufen oder sich zur nächsten Stadt mitnehmen zu lassen und Ersatzteile zu kaufen, zu Ihrem Wagen zurückzufahren und sie einzubauen. Wenn ich das getan habe, ohne die Gelassenheit des Samadhi aufzugeben, bin ich stolz auf meine Leistung und setze meine Fahrt in aller Ruhe fort – begleitet von der Musik der Straße, die zu hören mir mein durch Zen erworbenes inneres Gleichgewicht erlaubt.

Mag es regnen, hageln oder schneien...

Aber auch die sanfte Melodie des ungehinderten Fahrens über weite Überlandstrecken kann ihren Rhythmus plötzlich verändern – wenn das Wetter umschlägt.

Die Leute aus Los Angeles behaupten, die besten Autofahrer der Welt zu sein. Vielleicht haben sie recht. Aber es ist interessant zu beobachten, was geschieht, wenn es in Los Angeles zu regnen anfängt. Diese so perfekten Autofahrer rutschen plötzlich über die regennasse Fahrbahn, und ihre Wagen krachen mit besorgniserregender Häufigkeit aufeinander. Im Regen scheinen sie hilflos zu sein – und Gott schütze sie, wenn es jemals schneien sollte!

Es gehört viel Erfahrung dazu, sein Fahrzeug bei jedem Wetter zu beherrschen. Regen, Schnee, Hagel, Nebel, starker Wind, Sandstürme, vereiste Straßen, Tornados, Vulkanausbrüche, Erdbeben, das Ende der Welt – die äußeren Bedingungen sollten uns nicht daran hindern, das Autofahren zu genießen. Es kommt einzig und allein darauf an, Erfahrungen zu sammeln.

Wir brauchen genügend Praxis, um bei jedem Wetter sicher fahren zu können. Achtsamkeit und Erfahrung müssen zusammenwirken, dann können wir uns auf jeden Straßenzustand einstellen. Wir müssen uns nur klar darüber sein, daß unser Wagen bei veränderten Straßenverhältnissen auch anders reagiert. Dafür müssen wir das richtige Gefühl entwickeln. Es hat wenig Sinn, Ihnen zu sagen: Wenn Ihr Wagen ins Rutschen kommt, sollten Sie in die Richtung lenken, in die das Fahrzeug rutscht, wenn Sie eine solche Situation noch nie erlebt haben. Nur Fahrer, die das Gefühl, daß die Räder die Straßenhaftung verlieren, kennen, können richtig reagieren, wenn es wieder geschieht. Das gleiche gilt für das Bremsen auf verschneiter Fahrbahn, für das Fahren im Nebel und für das Aquaplaning. Was also können wir tun? Natürlich können wir den Wetterbericht hören und erfahren, wo es heute regnen oder schneien wird, um dort das Fahren unter solchen Bedingungen zu üben, aber das ist kaum zu empfehlen. Viel besser ist es, wenn wir jederzeit genau darauf achten, wie unser Fahrzeug unter den verschiedenen Wetterbedingungen reagiert.

In Wirklichkeit gibt es so etwas wie schlechtes Wetter überhaupt nicht. Es gibt sonnige, regnerische und neblige Tage, aber kein Wetter ist besser oder schlechter als das andere. Wir dürfen auf einer nassen Straße nicht ebenso fahren wie auf einer trockenen. Weshalb sollen wir sie daher miteinander vergleichen? Eine schneebedeckte Straße stellt andere Anforderungen an uns als eine regennasse Straße im Sommer. Als Zen-Fahrer sind wir nicht auf eine bestimmte Fahrweise festgelegt, die unter allen Umständen die richtige ist. Wir lassen uns auch nicht dadurch täuschen, daß im Innenraum unseres Fahrzeugs immer die gleiche angenehme Temperatur herrscht. Wir müssen die Wetterverhältnisse außerhalb des Wagens so deutlich wahrnehmen wie ein Fußgänger.

Wenn wir die notwendigen Erfahrungen gesammelt haben und unsere Achtsamkeit bewahren, können wir uns jedem Wetter anpassen. Dann kommt es nicht mehr auf den Straßenzustand oder die Wetterbedingungen an, sondern nur noch auf das Wetter in unserem Kopf.

> Im Frühjahr Hunderte von Blumen;
> im Herbst der Erntemond;
> im Sommer eine frische Brise;
> im Winter erlebst du den Schnee.
> Unbelastet von nutzlosen Gedanken
> ist jede Jahreszeit eine gute Jahreszeit für dich.
>
> *Mumon*

Die Alltagswelt

Wir alle wissen, daß unsere Stimmungen und Lebensverhältnisse unser Fahrverhalten beeinflussen können, wenn wir es zulassen. Es gibt zum Beispiel Untersuchungen, die zeigen, daß Menschen, die sich von ihrem Ehepartner scheiden lassen wollen, häufiger in Unfälle verwickelt werden als andere. Doch wie die innere oder äußere Situation auch sein mag, wenn wir das bleiben, was wir sind – unser natürliches Selbst –, sind wir jeder Belastung gewachsen. Wenn diese Belastungen ungewöhnlich groß werden, wenn wir durch außergewöhnliche Wetter- oder Verkehrsverhältnisse mehr gefordert werden als sonst und unsere Achtsamkeit und Aufnahmefähigkeit nachzulassen scheinen, können wir durch die Praxis der Meditation in der Bewegung jederzeit neue Kräfte sammeln.

Wenn wir wach bleiben und das Geschehen um uns herum mit allen Sinnen wahrnehmen, wird das Autofahren nicht nur dazu dienen, uns an einen bestimmten Ort zu bringen, sondern uns auch dazu befähigen, alles, was wir tun, intensiver zu erleben. Wenn wir uns durch Zen gestärkt und auf unsere Umwelt eingestellt haben, werden wir uns auch im Alltagsleben sehr viel besser zurechtfinden. In diesem Sinne gleicht das Autofahren dem *kinhin*. In den traditionellen Zen-Meditationsräumen wird das *zazen* – die Meditation im Sitzen – in gewissen Zeitabständen durch das *kinhin* unterbrochen. Das sind kurze Perioden der Medition im Gehen. Roshi Aitken sagt: »Wir könnten sagen, *kinhin* liege in der Mitte zwischen der Qualität der Aufmerksamkeit, die in der sitzenden Meditation erforderlich ist, und der Qualität der Aufmerksamkeit, die wir im täglichen Leben brauchen.«

Wir parken den Wagen und lassen ihn stehen. Wir beginnen das tägliche Leben des Fußgängers mit jener konzentrierten Aufmerksamkeit auf unser natürliches Selbst, die wir während des Autofahrens gewonnen haben. Wir haben diese Haltung mit den Autoschlüsseln in die Tasche gesteckt. Aber in Wirklichkeit hat sich nichts geändert, wenn wir aus dem Wagen aussteigen, um uns anderen Tätigkeiten zu widmen. Unser natürliches Selbst bleibt immer bei uns. Wohin sollte es sonst auch gehen? Es ist so, wie das alte Sprichwort sagt: »Wohin du auch gehst, du selbst bist immer dabei.«

Das Zen-Bewußtsein

Das Zen-Bewußtsein spiegelt sich in allem, was wir tun. Jeder Augenblick, jedes Ereignis ist eine Gelegenheit, weiter voranzukommen, uns am Leben zu freuen, *wenn* wir uns in jedem Augenblick und bei allem, was geschieht, von unserem Zen-Bewußtsein, unserem natürlichen Selbst leiten lassen und nicht von Trugbildern und dualistischem Denken. Diese Haltung, die wir als Zen-Fahrer entwickelt haben, gibt auch allem, was uns im täglichen Leben begegnet, eine besondere Bedeutung; sie hebt uns auf eine neue Ebene, auf der wir die Welt in einem ganz anderen Licht sehen und uns als Teil des Ganzen empfinden. In seinem Buch *Zen Buddhism and Everyday Life* schreibt Robert Linssen: »Weit davon entfernt, unvereinbar mit dem Alltagsleben zu sein, verleiht Zen diesem Leben erst seinen wirklichen Wert. Wir sollten nichts, was wir tun, als ›gewöhnlich‹ betrachten – im Gegensatz zu anderem, was wir als ›ungewöhnlich‹ oder außerordentlich ansehen. Zen fordert uns auf, auch unter den ›gewöhnlichsten‹ Umständen unsere intensivste Aufmerksamkeit einzusetzen.« Linssen behauptet, jedes Ereignis im täglichen Leben könne ein Anlaß sein, *Samadhi* und Erleuchtung zu erleben. Dazu gehören all die Dinge, die am Ende unserer Fahrt auf uns warten, von den Begegnungen mit anderen Menschen bis zu dem Fußballspiel, dem wir zuschauen wollen, besonders aber das, wovor wir uns oft am meisten scheuen – und was am häufigsten das Ziel unserer Fahrt ist –, die Arbeit. Wie viele Anhänger des Zen sieht auch Roshi Philip Capleau jede menschliche Tätigkeit, vor allem aber die Arbeit, als eine Gelegenheit, sich des natürlichen Selbst bewußt zu werden und sich daran zu freuen. Er sagt: »Wenn die Arbeit diese Funktion erfüllen soll, dann muß sich der arbeitende Mensch dazu erziehen, seine Tätigkeit nicht als langweilig oder angenehm zu bewerten, denn man kann nur etwas tun, wenn man sich von seiner Arbeit distanziert. Man muß lernen, sich ganz auf die Arbeit zu konzentrieren und sich durch nichts dabei stören zu lassen. Mit anderen Worten, es dürfen keine ›Gedankenlücken‹ zwischen dem arbeitenden Menschen und seiner Arbeit entstehen. Eine solche Arbeit wirkt reinigend; sie schaltet zufällige, bedeutungslose Gedanken aus, von denen das Bewußtsein ebenso verunreinigt wird wie der Körper durch Chemikalien. Folgt man diesem Grundsatz, wird die Arbeit wie jede andere Tätigkeit zum Ausdruck des wahren Selbst, sie wird kreativ und steigert die eigene Leistungsfähigkeit. Das ist der wahre Adel der Arbeit. Eine solche Arbeit bezeichnet man im Zen als die Arbeit, die man für sich selbst tut.«

Im Zen arbeiten wir alle für uns selbst. Jeder kennt seinen eigenen Weg zu der ihm angemessenen Tätigkeit und findet seine Befriedigung entweder im schlichten Landleben oder in der Arbeit an einem ehrgeizigen Vorhaben. Die Meditation in der Bewegung, die uns lehrt, aus der reinen Achtsamkeit und der ungetrübten Wahrnehmung zu leben und in der Konzentration des Samadhi zu handeln, führt uns auf diese Straße. Hier erfahren wir als Zen-Fahrer unser natürliches Selbst. Und die gleiche Methode läßt sich in jeder menschlichen Tätigkeit anwenden. Das Autofahren ist mehr als eine lyrische Analogie des Lebens. Beim Zen-Autofahren steigert sich unser Lebensgefühl! Die Meditation in der Bewegung ist eine gültige Meditationsform, in der das Zen-Bewußtsein authentisch zum Ausdruck kommt. Sie führt zu der Erkenntnis, daß sich das

Zen-Bewußtsein in allem, was wir tun und wie wir es tun, spiegeln kann. Wie Roshi Capleau sagt: »Alles wird zum Ausdruck unseres wahren Selbst, fördert unsere Kreativität und verleiht uns neue Kraft.«

Nachwort

Wenn Sie nun freudig gestimmt die Straße entlangfahren, kurbeln Sie Ihr Seitenfenster hinunter, und werfen Sie dieses Buch in den Fahrtwind. Denn alles, was Sie brauchen – die Kraft, sich in einen Zen-Fahrer zu verwandeln –, liegt in Ihnen selbst verborgen. Sie sind Herr Ihrer eigenen Achtsamkeit. Kein sogenannter Fachmann muß Ihnen sagen, wie Sie fahren sollen. Sie lernen aus Erfahrung. Sie fangen ganz von vorn an, und das tun Sie jedesmal! Es ist so, wie Shunryu Suzuki sagt: »Im Geist des Anfängers gibt es viele Möglichkeiten, in dem des Fachmanns nur wenige.« Sie haben beschlossen, ein Zen-Fahrer zu werden, und jetzt sind Sie auf dem Weg, selbst die richtige Methode zu finden.

Gute Fahrt!